盧俊義—著

伸出你的手

為生命灌注愛與意義的33堂課

謹以此書紀念許鴻源、林磻長老夫婦；
感謝他們與其兒女許照信兄、許純真姊，
長久以來，他們一直是在傳道工作上
支持我最力的信仰前輩和伙伴。

Content

專文推薦　經歷愛的救贖力量　黃春生　011
專文推薦　一種很卑微的姿態　劉漢鼎　014
專文推薦　讓一切更美好　劉與政　018
作者序　用不同的角度看生命問題　022

PART.1

給心靈的力量

01 在暴風雨中遇見平安　031

在暴風雨中，母鳥全身都被打濕，卻仍用翅膀護著小鳥，使自己和孩子「在患難中」得到平安，這就是畫中所表達的生命意義。

02 村上春樹永遠站在雞蛋那邊　035

在高大堅硬的牆和雞蛋之間，無論高牆是多麼正確，雞蛋是多麼錯誤，我永遠站在雞蛋那邊！

03 從寫一封信這麼微小的事開始　043

我真的沒有想到，僅僅寫一封信，就有這麼好的結果，從那次的機票事件之後，監獄真的改變了，他們學會了關心需要幫助的人。

04
國王的最後一次謙卑 055
常有觀光客進入皇家墓穴參觀，但甚少有人知道，過去在國王去世時，在這座聖堂舉行的告別禮儀是很特別、也很有意義的。

05
最貧窮的總統穆希卡 063
我是全世界最富有的總統，因為我每個月的薪水多到還有一萬美元可以分享給需要的人。誰說我是最貧窮的總統呢？

06
生命怎樣來，也要怎樣去 069
很多人看起來很聰明，好像什麼事都很清楚，可惜，大多數的人就是對生命的事永遠不了解，也不想要去學習或認識。

07
人生一定要準備的一件事 073
台灣人很怕談到身後之事，但避談此事，沒有解決問題，反而是勇於面對，好好想想身後事，就會減少恐懼與不安。

08
什麼樣的母親才真正偉大？ 079
每年母親節一到，我都會思考：政府長久以來頒發所謂「模範母親」給家裡有傑出成就子女的母親，這到底有什麼意義？

09 天使與生命簿 087
每個人出生時，身上都帶有一本生命簿，記錄著一生所有的事。做記錄的並不是自己，而是天使在記錄。

10 為親人做最後一件美好的事 095
親手為親人做這件事，將會撫慰我們，將親人離世所帶來的冰冷與哀痛，化為溫馨與安慰。

11 一群無人知曉的英雄 103
這百名熱血醫護人員，都未曾在任何媒體被報導過。可能沒有人記得他們的名字，但他們勇敢的面孔，我不會忘記。

PART.2 給孩子的贈禮

12 在前段班與後段班之間 111
為何這麼多受過良好教育的人做出壞事？我們灌輸給學生的教育是否少了什麼？

13 阿嬤，妳自摸！ 119
父母的生活行為若是正確，孩子的教育已經完成一半，其他的已經不是最重要的了。

14 猶太人教育成功的秘密 127
在他們的家庭教育中，母親扮演著非常重要的角色。教授孩子這些經典的工作，不是在學校，而是從家庭開始。

15 想逃票的牧師 131
既然司機不看票，票也是自己買，而且是自己按鈕上下車，那好像不買票也沒差。可是，心裡有另一個聲音出現：應該要買票。

16 青年們，要胸懷大志！ 139
北海道大學的校訓，是趁著年輕立大志，一旦立了就要勇往直前。這跟台灣所有學校都掛著「禮義廉恥」是不是很不一樣呢？

17 值得孩子懷念的銅像 147
用政治勢力的手段強迫人民懷念，就算這個人在執政時期會被人民記住，哪怕他建造了銅像，之後也會被拆下來。

18 客廳裡的加工廠 153
我們是在經濟繁榮下賺了錢，但賺些什麼錢？為了賺錢，人們與信仰的距離越來越遠，已經不再有「舉頭三尺有神明」的敬畏心了。

19 藏在錢幣圖案裡的秘密 159
若是錢幣上的設計還停留在統治者的圖像，就表示這個國家離人文和文明的境界還有一段距離。

20 女工宿舍給我們的啟示 165
這真的是很有趣的畫面，宿舍圍牆裡面的女青年說「隨便看看」，外面的男青年說「隨便等等」。

21 給下一代的美好傳承 171
有念書和沒念書，不管是胸襟或視野，一定差很多。透過閱讀，甚至可以改變一個人的命運。

22 對於「水」的省思 179
我們幾乎年年缺水，但也年年上演水災，曾幾何時，美麗的寶島變成「下大雨變水災，不下雨變旱災」的怪島了？

PART.3 給世界的祝福

23 最微小的事，最偉大的愛 187
這位專欄作家簡直無法想像，原來德蕾莎修女所創辦的垂死之家，是在做這種最卑賤的工作。

24
歌聲傾洩的加護病房 193
整個加護病房就像一個小小的音樂廳，每當開放探病的時間到來，大家都會注意傾聽這對母子唱給病人聽的溫柔歌聲。

25
街友們的聖誕節 199
街友們說，他們是要參加耶穌降生的歡慶會，不能太隨便，要正裝、清潔身體、梳理頭髮，否則對耶穌不好意思，也很失禮。

26
從未喊過一聲「媽媽」的小女孩 207
有次課輔班上課，我的孩子叫了我一聲「媽媽」。這小女孩聽到後，小心翼翼地問我：「老師，為什麼她要叫妳『媽媽』？」

27
一條腿的幫助沒有腿的 215
四肢健全的校長、老師沒有提供任何幫助，而自己一腳殘障的孩子卻知道要幫助雙腳都殘障的同學，使他這個當父親的深受感動。

28
傳遞真實之愛的拉麵店 223
客人都知道這是一間專門幫助在戰火下受難孩子的拉麵店，有不少客人都學會了自己吃一碗，又買一碗送給這些孩子。

29
一個貧窮鞋匠所能付出的愛 231
我們在生活中，千萬不要去輕看那些卑微、貧窮、困苦的人，這樣的人是上帝派到我們身邊的天使，讓我們學習、反省自己。

30
沒有哭過的人，無法拭去別人的淚水 239
世界的和平就從長崎開始吧。永遠沒有戰爭，也永遠保持和平，讓我們一起來為這樣沒有戰爭的世界呼求吧。

31
一個欠債父親的告別式 247
我告訴那位前來討債的班長說：「我們的上帝一定會為蕭先生所無法償還的錢，加倍賜福給大家。」

32
用愛勝過仇恨的母女 255
當他接到杜花明寫的信時，簡直無法相信這世界上竟會有人願意原諒他，尤其是在他犯下這樣的重大刑案之後，更是難以想像。

33
愛，可以補足所有的殘缺 263
楊恩典分享她的生命歷程時，她總會說：「我的生命跟一般人不一樣，但是上帝沒有遺棄我！」

專文推薦

經歷愛的救贖力量

黃春生

我們從小到大，都在接受、付出、製造及體驗各種形式的愛，對萬物、對人、對己、對神的愛。我們雖生活在愛中，卻不一定知道什麼是愛。愛是需要有「彼此」的，有「彼此」才能談愛、體驗到愛，若只有「自我中心」，看不到他人，就無法看到與經驗到愛。

當一個人能夠愛人時，他才真正成長了。在付出愛與犧牲時，他走出自我中心的世界，在愛中得到重生。隨著對方靈性與價值領域的拓展，他也躍入日益寬闊的境界。愛永不止息，永遠向上，愛使人不斷地走出自我、超越自我。

盧俊義牧師算是我的老師，我從閱讀他的諸多著作當中成為他的學生。他延續十六世紀宗教改革「加爾文式的講道」，即逐章逐節地傳講聖經的信息，每一卷聖經注釋與講道，帶給我及諸多信徒信仰的造就，更是我在講道及牧養教會重要的啟蒙。

盧牧師的講道非常具備生命力，原因就是他對人的苦難與愛的感受特別深刻，他將他接觸或經歷過的人、事、物所散發出來的愛，融合在他的講道與著作中。盧牧師不僅著書、傳講來造就成年人，十幾年來他也親自主持「暑期兒童少年營」教材的編輯，來造就下一代。

自從盧牧師在民視《台灣學堂》主持〈這些人，這些事〉的節目，他的牧靈範圍便拓展得更廣了。而現在，為了傳遞愛給更多人，這本《伸出你的手》也向我們呼召，當我們閱讀書中每個愛的故事，就被邀請加入愛他人的行列，走出自我、超越自我。愛是何等地神奇，當我們發現愛的救贖力量，就會把這個舊世界，變成一個嶄新的世界。

「伸出你的手」去實踐「彼此相愛」，這是基督信仰重要的核心價值。在新約〈約翰福音〉中，耶穌基督說「彼此相愛」乃是使人認識上主最美好的方式。只有「彼此相愛」才能見證他們就是耶穌基督的門徒（約翰福音13:34-35）。

愛擁有啟發人心的力量，新約聖經說：「沒有人看見過上帝，但我們若彼此相愛，上帝就在我們的生命裡，而他的愛藉著我們完全實現了。」（約翰一書4:12）這強調了只有在愛的裡面，人才會看到上帝，內心才會受到啟發。

因此，我們知道彼此相愛就是與上帝連結。因我們彼此相愛，上帝的愛被顯明出來，被世人所認識，也就被成全了。反之，我們若不相愛，那麼上帝所賜給我們的愛，只限制在自我中心裡面，流露不出去，這樣上帝所賜在我們裡面的愛就得不到成全了。

愛的焦點在於對方，耶穌曾說過一個「愛鄰舍」的故事：一位被當時社會所瞧不起的撒馬利亞人，看見被盜匪打個半死的人就動了「慈心」，這個字在英文聖經裡寫為「compassion」，源自拉丁文，是「共同」（com）與「痛苦」（pati）兩個字所組成的，意思就是「一起受苦」。這說明一個具有慈心、憐憫的人，不會對於世上的苦難不予理會，而是會與苦難的人「一起受苦」。

閱讀本書，會激發你的「compassion」，也邀請你「伸出你的手」，與苦難的人一起受苦，經歷愛的救贖力量。

（本文作者為台灣基督長老教會台北濟南教會主任牧師）

專文推薦

一種很卑微的姿態

劉漢鼎

盧牧師很會講故事。聽過盧牧師講故事的人，大概都會跟我有一樣的疑問：第一，他怎麼有那麼多故事可以講，好像天方夜譚一樣，講一千零一夜都講不完？第二，他講的故事常常都很感人，這麼感人的故事，怎麼很少聽其他人講過？

我與盧牧師結識約有十年。從一開始是台北東門教會的會友，常常聽盧牧師講道，後來在盧牧師的鼓勵下，投身台東癌症醫療第一線的工作，彼此有更多討論溝通的機會。

從盧牧師所講的故事中，我慢慢拼湊出他很不一樣的生命經歷。也因為這一段相當特殊的經歷，讓盧牧師能夠以不同的視角來看待生命。他是用一種很卑微的姿態，蹲著，甚至是趴著來看他周遭的人事物，也因此他會看到這個社會一些陰暗的角落，是一般人看不到或是視而不見的地方。他會去注意這些別人忽視之處，並嘗試伸手出去，在能力所及的範圍內幫忙這些卑微的人。

這一點跟聖經福音書中所描述耶穌的生平，有一些相似。耶穌是上帝的兒子，甘願降生在卑微貧困的家庭，生平總是主動去關心盲人、肢障、妓女、稅吏……這些被當時猶太社會所鄙視的人，甚至耶穌本身也被當時上層階級的猶太人看成是「罪人」，因為他總是跟「罪人」同夥。然而耶穌並不因此而改變作風，反而要求跟隨他的門徒，要「彼此相愛」，要愛那不配的人，只有這樣無私捨己的愛，去愛最卑微的人，才是真正在愛上帝。

所以在這本書中，我們可以看到有原住民的母親和兒子，深愛著癌末的媳婦和妻子，以詩歌來安慰在病痛中的親人的故事。有盧牧師幫忙陳情，讓眾人鄙視的受刑人有機會買到回家的機票，親自向所傷害的家人祈求赦免的故事。有盧牧師為了貧窮的榮民家庭求情，用聖經中上帝的話，請求債主免去債務的故事……。

這些故事都有一個重要的共同主軸，那就是「彼此相愛」，而且為了實踐這樣的愛，故事主角們願意付出代價。這是這些故事感動人的地方，見證了「上帝是愛」，「我們愛，因為上帝先愛我們」。

我曾經好奇問過盧牧師，是怎樣的因緣際會讓他成為一位傳道人，又特別去關心這些弱勢的人，注意這個社會陰暗的地方。我以為會聽到一個信仰偉人的特殊經歷，結果完全不是。

盧牧師告訴我，他小時候很調皮搗蛋，被父母師長修理是家常便飯。年輕時他是個叛逆小子，抽菸、打架、泡馬子樣樣都會。他說他去念神學院，不是受到呼召，而是因為自己的女朋友被一位神學生追走，他不服輸，想去念神學院後，看能不能把女朋友追回來。他當兵時是憲兵，曾經在澎湖親眼目睹一百多名士兵因為一場反攻大夢，在演習中葬身海底，讓他深深體會生命的脆弱。

神學院畢業後，他志願到後山，被派到關山牧會，和瑞士天主教白冷會的神父和天主教醫院的修女成為好友，共同關心被賣的原住民學童的命運，並受激勵努力成為一名認真的牧者。之後到嘉義牧會，參與並協助拆毀吳鳳銅像和設立二二八紀念碑的工作。他說當時差一點起心動念，被拱出來參選嘉義市長，還好被牧師娘點醒而放棄。後來到台北東門長老教會牧會，參與關心性工作者、街友和同志的事工。

他也到和信醫院關懷癌症病友，並進而促成和信醫院和台東基督教醫院的合作，共同推動偏遠地區的癌症醫療的提昇。現在即使已經退休、不再牧會，依然不辭勞苦在帶查經班，帶領大家讀聖經，並在電視節目中分享。而這本書裡的許多故事，是我在查經班中曾經聽過的。我覺得這些故事讓聖經經文有了生命，不再只是書中的文字而已，而是可以活出來的生命。

這些故事許多是盧牧師所親身經歷，即使不是，也是他深有感動才拿出來分享。我覺得這些故事還有一個特點，是故事的「真實性」。我以前很難想像台灣會有販賣人口的事情，後來我在台東行醫，照顧到一位癌末患者，就是從小被賣到都會地區當童工，喪失受教育機會，以至於連自己名字都不會寫的真實個案。讓我想到盧牧師講的販賣人口的事情都是真的，沒有一點加油添醋，完全真實可信。

我感謝上帝，揀選了盧牧師，讓他有不一樣的生命經歷，能夠看到這個社會的死角。讓他有滿滿的憐憫，會去關懷別人所不願關懷的人。我也很感謝盧牧師鼓勵我來台東行醫，也因為他所講的故事如此感動我心，激勵我不是只當個聽者和讀者，而是可以試著把故事活出來。

誠心推薦這本好書，也願上帝祝福所有看了或聽了這些故事，也願意將故事活出來的人。

（本文作者為台東基督教醫院醫師）

專文推薦

讓一切更美好

劉興政

一日在查經班結束的時候，盧牧師說希望我能給他的新書寫個推薦序。誠惶誠恐地接下這個任務，也有幸能拿到書稿，先睹為快。

自己和家人於二〇〇六年開始到台北東門長老教會聚會，在信仰生活上從盧牧師的教導中學習到很多。大家都知道盧牧師是一位很嚴格的牧師，對會眾要求高，而他自己也律己甚嚴，就像他已經非常忙碌了，每週在週報上都還要再寫一篇非講道的文章。牧師深信文字的影響力，他也身體力行地著書傳講，包括策劃兒童繪本的編撰等等。我們總心疼他的勞累，卻又渴望拜讀他辛苦的結晶。

這本書集結了盧牧師在牧會中遇到的人和事，甚至包括他自己的軟弱的故事，以及某些知名人物的故事。透過這些實際的人物，盧牧師帶著我們一同來檢視信仰的連結和生命的價值。

在編輯上的巧思，依故事特性，把書分為三個部分，第一個是「給心靈的力量」，第二個是「給孩子的贈禮」，第三個是「給世界的祝福」。事實上，書中的每個故事幾乎都可以傳達這三個概念，從正確的教育才能有心靈信仰的提升，進而改變這個世界，給世界帶來祝福。〈創世記〉裡數次記載，上帝揀選亞伯拉罕是為了給萬國得福，而不是去征服宇宙（18:18; 22:18; 26:4）。

故事裡的人物，包含了社會各階層，他們有些人來自我們平常所忽視的角落，透過盧牧師的敘述，從他們的生活經驗和對生命的態度可以給我們許多的啟發。這些人常不是所謂的社會菁英份子，但生活見證卻都如此強大，當看到「一條腿的幫助沒有腿的」故事時，誰能不動容呢？當眼裡看到別人的困難且主動伸手幫助時，就可以體會自己並沒有那麼地不足。

每篇故事都能發人深省，而整本書傳達給我最大的啟發重點，是在「教育學習」。牧師對於台灣經濟起飛年代的價值教育觀察入微，在「台灣錢淹腳目」的當時，學校老師仲介學生去工廠工作，大家忙著賺錢，對於伴隨而來的生活型態改變、家庭關係日漸疏遠，以及人口販賣問題等等，卻甚少有人注意和關心，這些都在提醒眼中只有「拼經濟」的社會價值偏差。

在強調升學教育的今天，這種狀況也不惶多讓。現在中小學校門口幾乎都有跑馬燈，看看上面的訊息是哪些？從各類得獎名單，到考取哪個學校的榜單。不是說這些不重要，但有需要放在校門口日日播放嗎？弱勢的人常在這樣的教育下被忽略，同時我們也常不鼓勵那些願意伸手幫助的人。書中的一篇故事裡，前段班和後段班的學生對於別人苦難的反應值得大家深思。台灣整體的學校教育和社會教育傳達的重點應該要檢討。

人都有軟弱的時候，牧師把自己在瑞士要不要買車票的心路歷程忠實地寫了下來。我們何嘗沒有類似情境，人生總有試探，需要常常做信仰的操練，這樣當我們面臨試探的時候，才能自如應對。

另外還有一篇故事是關於神話KTV縱火事件的被害者家屬，他們選擇寬大地饒恕傷害自己親人的兇手，這真的很難。這提醒了我們，耶穌教導的〈主禱文〉說：「赦免我們的辜負，如同我們也赦免辜負我們的人（免我們的債，如同我們也免了別人的債）。」

許多奉獻一生的故事常讓我們自慚形穢，覺得自己做不到，但我深信透過這些人的故事，我們會自然地貼近他們的足跡，讓我們慢慢變成比較好的人，這就是教育學習的力量，我想這也是盧牧師深信的。

期待盧牧師能繼續傳講好故事，讓一切更美好。

（本文作者為台北市立聯合醫院松德院區主治醫師）

作者序

用不同的角度看生命問題

從二〇一七年二月開始，我受邀在民視電視台的《台灣學堂》製作〈這些人，這些事〉的節目。

這個節目對我來說確實很吃重，因為一個禮拜要講五篇故事，雖然每集播出只有短短二十五分鐘，可是我必須寫平均每篇三千字、總共一萬五千字的底稿。起初在節目中講故事時，都是介紹在台灣這塊土地上的「這些人」和他們所做的「這些事」，後來也陸續開始介紹在外國的所見所聞，我個人認為「這些事」都很值得作為我們學習和反省的功課。

去年（二〇一八年）七月八日，啟示出版社將我在〈這些人，這些事〉節目中講的故事，選出二十五篇彙整成書出版，獲得很大的迴響，讓我受到極大的鼓舞。該書出版後，我接到好多個廣播電台陸續邀請我去談談書中所講的故事，也有讀者來信說他們深受感動，很想去看看我書中所介紹的「這些人」所做的「這些事」留下來的歷史腳跡。

每次我去台東關山天主教療養院探望那些來自瑞士的修女們，她們常常跟我說：「盧牧師，我們經常有訪客來，都說是因為聽到你在電視上介紹，有的說是看到你在書中介紹，所以特地來看我們，也很關心地捐款幫助我們。謝謝你。」

聽到這些奉獻一生在台灣照顧貧困植物病人，如今自己都已老邁、甚至超過八十歲的瑞士修女這麼說，我只能說：「是我們應該謝謝您們，奉獻一生為我們照顧這些貧困家庭的病人。」比起這些瑞士修女，我所做的事就像一粒細沙面對著一大片海灘上的無數沙粒，簡直是微不足道。

其實，去年出版第一本書之後，啟示出版社的彭之琬總編輯和李詠璇責任編輯就有繼續出版第二本書的計畫。今年初，她們再次跟我提起，並且提到了新書的內容方向要和前一本有所不同，主要是希望能讓讀者讀到不同面向的故事而有不同的感受。因此，這一次收錄的文章主要分成三大部分：

一、談到人的生命之價值觀

多數人會把生命的價值觀建構在可數的財富上，且對累積了龐大財富的人往往是尊崇有加、讚賞不已。其實，基督宗教信仰所談的不是這樣，耶穌教導人要記得把財富存積在天上，說這種存在天上的才是永恆的財富。聖經裡就有這樣的一段話：「濟助窮人等於借錢給上主；他的善行，上主要償還。」（箴言19:17）

了解這樣的教導，我們就會清楚知道，一個人即使擁有許多財富，卻吝於濟助窮人，或是說雖有濟助窮人，卻大張旗鼓帶記者到被濟助的對象那裡去拍照給媒體報導，這就像耶穌所說的「偽善的人」，他們這麼做的原因是想要「得到別人的誇獎」。既然如此，耶穌說「這樣做已經得了所能得到的報償」（馬太福音6:2），所以在天上就不再有任何報償了。

我們會發現，真要實踐這種積存財富在天上的教導，需要很好的生命價值觀念和堅忍的信仰毅力。

二、**想要留什麼財產給下一代**

這部分不僅是個人，也是整體社會的問題。若是屬於個人的，就是父母所留下來可數的財產，但常因為分配問題造成家人手足失和，這是很不值得的事。我在教會裡聽到有信徒見證說：「我們兄弟姊妹最要感謝上帝的，就是父母沒有留下什麼財產給我們，卻留給我們最珍貴的遺產——信仰。因為有這份信仰，我們知道在生命的旅途中怎樣克服困難，也知道怎樣去疼愛比我們更需要幫助的人。」類似這樣的信仰見證都會令我相當感動。

當情況是講一個國家時，若要問：我們留下什麼給下一代？我想沒有什麼比教育更重要的了。我們常聽到「教育是國家的基礎」，但問題是：這種基礎是什麼？我們過去最常聽到的一句話是「不要讓孩子輸在起跑點上」，可是我們往往沒有注意到，贏在起跑點，並不表示贏，因為很可能輸在終點。

很多人想將孩子送到歐美、紐澳去讀書，原因是那裡的教育環境和孩子學習成長的過程，會跟在台灣截然不同。我在上一本書中介紹了創辦台東公東高工的錫質平神父，他就是為了打破以升學為導向的台灣教育，才引進瑞士的「職能教育」，改變了許多家長對教育的看法。

你若是問我，什麼是所有教育的基礎，我只說一點：就是誠實！這點恐怕是過去戒嚴時代的教育中最貧乏的，而且從戒嚴後一直到現在，我們都還沒有將誠實這個要素建構起來。

三、知道怎樣去疼愛生命有欠缺的人

這就是讓人的生命感到有意義的最重要原因。一個社會中，不可能每個人生下來都是健康的，也不可能每個人的成長過程都很順利，一定會有人因為各種因素，在生命一出生就有所欠缺，這不僅是指生理上的，也包括心理上的。但只要我們願意去分享、去疼愛這些需要幫助的弱勢者，社會就會增添祥和的氛圍，也會減少不必要的維護治安的警力。

我想說的是：有愛的地方，人和人之間的傷痕就能得到修補，也會拉近人與人之間的差距。生命與生存最重要的要素，就是因為有愛。一個人的生命不應該只會講究「養生」、活得長壽，而是要活出有意義的內涵，這種內涵就是分享愛給別人。給別人給得越多，生命就越豐富。即使是只有一點點的愛，也會使生命發出亮光。

真實的愛，是愛在那些我們不覺得可愛的人身上，這點才最珍貴。我當然知道這並不容易，卻也因為這樣，才需要我們去學習。

我牧養過的台北東門長老教會的會友，以及參加過我帶領查經班的兄姊都知道，每年農曆年節來臨之前，我都會呼籲大家，除夕夜的年夜飯來個「少一道菜，多一分愛」的活動。將節省下來的一道菜的錢匯集起來，用來幫助貧困、需要濟助的對象。

多一分愛分享給需要的人，我們的生命就會越來越富足。

這本書就是以這三大主題彙整而成。希望您會喜歡，也期待您將書中的故事與精神分享出去。

盧俊義

二〇一九年六月二日

寫於台北寓所

★本書中的聖經名詞（如章名、人名等），在全書正文首次出現時，以基督新教、天主教之通用譯名對照的方式呈現，以便讀者閱讀。

PART.1

給心靈的力量

01 在暴風雨中遇見平安

我把我的平安賜給你們。
我所給你們的，跟世人所給的不同。
你們心裡不要愁煩，也不要害怕。
——約翰福音14章27節

我們常聽到有人說：「平安就是福。」但什麼是平安？一般人在想的，就是沒有什麼壞事發生，或者事事順利，就是平安。

如果你有機會遇到基督徒的朋友，就會常聽到一句問候語：「平安。」無論是接到電話或是見面時，都會用這句「平安」來問候。「平安」一詞是從希伯來文的「shalom」來的。以色列人用這字來表示生命不再有危險，而這通常是用在戰爭結束後，人民從死亡恐懼中脫離出來，見面時就會說「shalom」（平安）。

一九九九年，台灣發生很大的「九二一大地震」，死傷的人數相當多。南投縣中寮鄉也是受創相當嚴重的地區。該地有一間中寮長老教會，許多鄉民因為親人去世，家裡房子又倒塌，沒有地方擺放親人棺木，便來詢問教會是否可以將棺木暫時停放在禮拜堂。

教會內部開會後，決定接受。每次有鄉民帶著親人的棺木到禮拜堂，或是請道士和禮儀人員來引領棺木離開去安葬時，都會遇到教會的牧師、長老和會友跟他們說：「平安。」過了一陣子，這些接觸到教會的鄉民也開始學著互相說「平安」，而不再是用台灣人習慣問安的「吃飽了沒」。

即使禮拜堂中擺放著棺木和親人的遺體，也不用害怕。因為在舉辦會友的告別禮拜時，也是會將棺木放在禮拜堂裡面，大家圍繞著棺木敬拜天上的神，心中不會恐懼不安。

有一次，有個畫廊舉辦畫展，主題就是「平安」。參加畫展的畫作中，有的是畫一帆風順的場景，有的畫小孩子興高彩烈地牽手跳圈圈舞，也有人畫父母牽著稚齡的孩子在公園裡遊戲等等，各種喜樂歡笑，或是全家人相聚有說有笑的場景，看起來確實令人感到一片安詳。

但有一幅畫，是畫在暴風雨中，狂風浪濤大得令人一看就感到非常驚心。在海邊，有一塊巨大岩石面對著狂風巨浪的襲擊，但巨大岩石很安穩地擋在那裡，沒有絲毫動搖。在這塊岩石後面有個小洞穴，裡面有一隻母鳥全身都濕透了，但依然把翅膀張得開開的，在這對翅膀下，分別護著兩隻小鳥，而小鳥躲藏在母鳥的雙翼下，只露出小小的鳥頭，看起來就是一副很安詳的樣子，還張著嘴就像在歌唱一樣。這幅畫寫著兩個字，就是「平安」。結果這幅畫被評選為該次畫展的特優獎。

評審者說出這幅畫得到特優獎的原因，是這幅畫表達出一個生命理念：在暴風雨中，這隻母鳥帶著小鳥躲藏在巨大岩石後的洞穴中，雖然全身都被海浪打濕了，牠卻仍然用有力的翅膀護著四隻小鳥，使母鳥和牠的小鳥「在患難中」都得到平安，這就是這幅畫所表達出來的生命意義——在暴風雨中有平安。

我在醫院工作，曾遇到過一位大學教授，已經是癌症末期。他知道基督宗教福音的信息說生命沒有死亡，而是進入永恆的生命，因此，他面對生命的終結來臨，心中並沒有恐懼，還利用頭腦很清楚的時候，寫下他要交代的身後事，讓他的妻子和兩個女兒清楚知道。

就在他臨終前的一個禮拜，我去探望他，那時他昏睡的時間已經越來越長，他妻子看見我去探訪，就將他搖醒過來，說：「醒一醒，牧師來看你了。」他睜開了眼睛看著我，然後笑著對我說：「牧師，我要先去上帝那裡，你慢慢來，不用急，這裡還有很多病人需要你幫忙。」

面臨生命末期還那麼安詳的病人，是我在醫院工作時很少遇到的。這就是真實的平安。因為他已經越過了死亡的威脅，不再懼怕死亡的來臨。

在聖經中，耶穌講了很有意思的話，他說：「我留下平安給你們，我把我的平安賜給你們。我所給你們的，跟世人所給的不同。你們心裡不要愁煩，也不要害怕。」（約翰／若望福音14:27）「我把這件事告訴你們，是要使你們因跟我連結而有平安。在世上，你們有苦難；但是你們要勇敢，我已經勝過了世界！」（約翰福音16:33）

請注意，耶穌並沒有說信靠他，就不會有苦難，這不是基督宗教所說的信息。耶穌說的是「在世上，你們有苦難」，基督教會的信仰就是從認識生命苦難來切入的。任何人只要認知到自己的生命會有苦難，而相信耶穌可以幫助人得到生命的力量，就可以靠著這股力量來承受苦難，並且勝過所遇到的苦難。這才是所謂的「平安」。

02 村上春樹永遠站在雞蛋那邊

你們要學習公道，伸張正義，
幫助受壓迫的，保障孤兒，為寡婦辯護。
——以賽亞書1章17節

二〇一四年六月三十日，美國「聯合基督教會」（United Church of Christ）通過了兩項重要的議案：

其一，全力抵制以色列，並且撤出所有在以色列佔領區（約旦河西岸和加薩走廊）獲取利益之企業的投資。

其二，把以色列列入「實施種族隔離政策」的國家，如同從前的南非一樣。

這兩項決議案，可說是延續了美國長老教會（PCUSA）總會之前所做的決議。其中最值得注意的是第二項決議案，這幾乎敲響了全世界所有基督教會的警鐘，在台灣的基督徒，特別是那些一天到晚歌頌以色列是上帝揀選之民，卻沒有對以色列的作為與現狀多加瞭解的教會，更該以此為鏡，好好省思。

很多人讀聖經，往往都停留在字面上的認知，甚少將聖經中的記事放到自己所處的時代與環境裡，以此進行深刻的省思，反省信仰應該有的真實態度。

最荒謬的例子，莫過於因為〈創世記〉第九章記載了挪亞（諾厄）詛咒他的第二個兒子「含」，而含的一族散居在非洲（創世記 10:6-20），所以有人就認為身為含的後裔的黑人，本來就該當奴隸，因為他們是被詛咒的族群。這種解釋，簡直就是把聖經當成欺騙與欺負弱小民族的工具，實在是錯解聖經，謬誤到極點。

南非荷裔的白人基督教會，就是因為傳承自祖先這種錯解聖經的遺毒，公開支持被普世唾棄的種族隔離政策，而被「世界歸正教會聯盟」停止會員籍。直到該教會公開承認過去的信仰態度是錯誤的，才再次被接納、恢復會員籍。

從美國長老教會的決定，延續到後來美國「聯合基督教會」的決議案，讓我想起了日本文學家村上春樹的故事。

二〇〇九年二月，村上春樹獲得以色列政府頒發給他的「耶路撒冷文學獎」。我們知道，村上春樹已經有七年時間都被提名「諾貝爾文學獎」，但七年以來，每一年都與該獎擦身而過。

其實，以色列政府設立「耶路撒冷文學獎」背後是有原因的，就是想要藉著世界聞名的文學家，改變各國對以色列政府欺負弱小巴勒斯坦人的觀感。而日本在第二次大戰期間，曾有一位外交官名叫杉原千畝，他曾被派任日本駐立陶宛的代領事，就在那段期間，他大量發給猶太人過境簽證，因此拯救了逾六千名的猶太人，有「日本的辛德勒」之稱。有人詢問杉原千畝當年廣發簽證給猶太人的原因，杉原千畝說：「我這麼做，只是因為我是基督徒，我憐憫他們。我知道他們的困境，他們想要離開，我就給他們所需要的簽證。」

以色列政府會發給村上春樹「耶路撒冷文學獎」，或許有一部分是為了感念同為日本人的杉原千畝，更有意藉著村上春樹在文學界的知名度和影響力，改變世人對以色列政府以惡劣手段對待巴勒斯坦人的不良觀感。

日本民眾也很清楚以色列政府這種動機，因此，當以色列政府決定頒獎給村上春樹時，日本人立即有了反應。大家紛紛寫信給村上春樹，勸他千萬不要被以色列政府利用了，要他放棄這個獎，甚至有人語帶威脅地告訴他，若是他還是堅持去領獎，他們會發起抵制的活動，讓村上春樹的作品從書店下架、消失。

在那段時間裡，村上春樹確實感受到很大的壓力。最後，他還是決定要去領獎，而這項決定為日本社會帶來一股極大的震撼。也是在那段期間，日本各大小書店裡，只要是村上春樹的書，銷售幾乎是停滯的狀態。

當村上春樹發布決定去領獎的消息時，日本有三十多家媒體記者也跟著去，他們想要報導村上春樹在領獎時到底是怎樣的表情，會說些什麼話。

在頒獎典禮那天，世界各國駐以色列大使全都應邀出席，以色列政府高級官員也全部出席頒獎典禮。更多派駐在以色列的外國媒體記者也都來了，對這些記者來說，這是重大新聞，當天可說是相當熱鬧。

上台領獎的時候，村上春樹當著以色列政府高級官員、所有外國使節團貴賓和媒體記者的面，說了大概是這樣意思的一段話：

我們小說家，就是藉由虛構故事，來襯托出真實。但今天，我站在大家面前，我決定只講真實的，不講虛構的。

很多人建議我不要來這裡領獎，甚至有人威脅說要抵制我的小說，原因就是以色列正在對加薩地區進行的武力行動。根據聯合國報導，在加薩市區，已經有超過千名的群眾失去性命，他們都是手無寸鐵的一般百姓、小孩及老人。

我反問自己，這個時候來這裡是正確的嗎？會不會有人以為我支持發動武力攻擊的一方？思考過後，我還是決定前來，因為我選擇在這裡表達意見，而不是保持沈默。

我們每個人都面對著一道又堅硬又冰冷的牆，由轟炸機、戰車、火箭和飛彈所構築而成的高牆。這道牆應該要保護我們，但有時它卻會傷害我們，甚至逼迫我們去傷害、殘殺他人。

在這道高牆之前，我們就像是脆弱的雞蛋，而蛋殼裡面是我們寶貴的靈魂。要對抗這道高牆，就如同拿雞蛋丟牆壁一樣，沒有任何勝利的希望。但是，我相信我們每個人靈魂的獨特性，也相信我們的靈魂彼此融合而得來的溫暖，那就是戰勝高牆的唯一希望。

我父親在世的時候，每天早上都會跪在家中佛壇前，獻香懺悔，為所有死於戰爭的人祈禱，不論是盟友還是敵人。他說自己曾被政府徵召到中國打仗，殺害了很多人，父親為這件事終生無法寬恕自己，到他死前，那些死亡的陰影都一直環繞著他。

雖然父親已經過世了，但那些環繞在他身邊的死亡影像依然留在我的記憶裡。在創作時，這件事我始終記在心中：在高大堅硬的牆和以卵擊石的雞蛋之間，我永遠站在雞蛋那一邊。無論高牆有多麼正確，撞上高牆而破碎的雞蛋是怎樣錯誤，我永遠支持雞蛋！

當村上春樹說完這些話時，全場有一段時間幾乎靜默無聲，接著有些大使開始鼓掌，而現場拍手最大聲、最用力的，是遠從日本來採訪的媒體記者。他們紛紛將這段令自己大為震撼的致詞，原封不動地傳回日本，讓很多人感動、很多人流淚。而村上春樹的作品不但沒有從日本的書店下架，反而更加暢銷。村上春樹並沒有因為和諾貝爾文學獎擦身而過有任何損失，他在日本人的心中，依舊是一位很值得學習和備受尊敬的文學家。

基督宗教信仰應該就是要這樣告訴所有信徒：要讓我們和弱勢者站在一起，不是和強勢者同邊站。耶穌就是因為和弱勢者站在一起，才會被當時擁有權勢的猶太人宗教領袖視為眼中釘，而將他釘死在十字架上，只因為他一再嚴詞批判當時擁有極大權柄的宗教領袖，他們是強勢者，一再罔顧弱勢者的性命，甚至用莫須有的罪名強加在這些弱勢者的身上。

耶穌甚至看見那些假借宗教之名，行欺騙之實的猶太教領袖，公然在耶路撒冷聖殿廣場與商家合作欺騙民眾、詐財，於是他使出所有的力氣推翻、搗毀那些商家的生財器具，並且當著眾人面前指責這些宗教領袖們，說他們把聖殿變成「賊窩」和「市場」。所謂「賊窩」，意思是指欺騙信徒；而「市場」，表示把宗教變成做生意的地方。這是非常要不得的宗教行為，是不應該的。也因為耶穌講了這樣的話，這些擁有權柄的猶太宗教領袖決議將他殺害，但這世界卻因為耶穌的作為帶來全新的改變。

先知以賽亞（依撒意亞）一再提醒所有的基督徒：「你們要學習公道，伸張正義，幫助受壓迫的，保障孤兒，為寡婦辯護。」（以賽亞書1:17）孤兒、寡婦都是聖經時代的弱勢者，先知以賽亞也嚴詞譴責當時的社會領袖和官員「跟盜賊為伍，個個貪圖不義之財，接受賄賂；從來不保障孤兒，也不替寡婦伸冤」（1:23）。

有真實宗教信仰的人不會是這個樣子，而是會如同聖經的教導，與受壓迫的人站在一起，和弱勢者站在一邊，替他們發聲、伸冤，這才是真正的信仰見證。

03 從寫一封信這麼微小的事開始

耶穌說：我告訴你們，上帝的天使
也要為了一個罪人的悔改而高興。
——路加福音15章10節

從一九七六至一九七九年，前後三年時間，我曾在「外役監獄」當宗教教誨師，這三年工作的經驗，讓我對生命有很多體驗與感悟。

當時，這所「外役監獄」是台灣第一所從歐洲引進來作實驗的監獄，它位於花東縱谷，建立在乾涸且土質早已硬化的河床上。整座監獄都是受刑人親手規劃和建造起來的，從這裡就可看出監獄人才真的非常多，什麼專業人才都有。

這也是台灣唯一一所沒有圍牆的監獄，甚至連大門管理員都是受刑人自己擔任。之所以敢這麼做，是因為這所監獄並不是任何受刑人都可以進來的，需要經過嚴格篩選，確認沒有逃跑的念頭，才可以移送到這裡來。

這所監獄收的都是重刑犯，其中有好些都是因為貪污而被判重刑。在那個年代，貪污犯是不准假釋的，但這裡的受刑人若是工作認真、遵守規矩，就可以有機會回家探親，或是家人可以申請來監獄探視受刑人，可說是最具人性的監獄了。

因為我受聘為這裡的宗教教誨師，監獄安排我每個禮拜至少一個晚上去為他們上宗教教誨課。我問典獄長：「為什麼監獄已經有『教化師』了，還需要宗教教誨師呢？」典獄長跟我說：「一般受刑人都會認為他已經被判刑，且服完了刑期，這就表示他們的『罪』已經被『抵銷』了，心中不會有罪惡感。但宗教教育不是這樣，而是會讓人的內心知道自己確實有做錯事，因此，在服刑滿了以後，出去就不會想要再犯，也知道怎樣去彌補受到傷害的人。」

其實，我第一次到監獄上課時，那個經驗是非常不好的。因為典獄長有特別提醒我，說這所監獄的受刑人，教育水準都很高，因此，他希望我講「深一點」的內容給他們聽。我一聽到要講「深一點」的內容，就想：那就跟他們談談關於「神學」思想的理論吧。

結果，我只講了三分鐘不到，受刑人已經開始鼓譟起來。他們對我說：「牧師，我們不要聽你念經，我們白天要工作，晚上又要聽你念經，很痛苦啦！若是要我們聽你念經，請你跟典獄長說，讓我們不用去做工。」

我一聽這樣的話就愣住了，接下來不知道該怎樣講才好。第一次去上課，就讓我感到相當大的挫折感。

每次要去外役監獄上教誨課，去的路上，我都很懊悔自己沒有多經思考就答應了這個工作，因為我講的神學思想他們真的不想聽啊！可是既然已經答應了，總不能說不去就不去，所以還是照常每個禮拜去，但每次他們的表情都很痛苦，從不給我半點好臉色看。

經過好一段時間後，我跟他們才熟悉起來，他們也漸漸給我面子，就算不想聽，也會忍耐一下，畢竟一堂課只有短短四、五十分鐘而已。

有一天我照常去上課，剛進監獄大門，就發現有一群人圍在角落，用很嚴厲的話罵人。我以為是在打架鬧事，卻沒有看見管理員在旁邊排解。他們有的人一看見我，就說「牧師來囉」、「牧師，不要理這個人，他是禽獸」、「這個人死好，這種人還有什麼人性」、「垃圾」等等，甚至更難聽的話都出籠了。我一走過去，大家就都散了，只剩下一個受刑人蹲在角落裡哭泣著。

後來我才知道，這位受刑人來自台北，是個計程車司機。有一天，他因為喝醉酒很晚回家，他的女兒聽到門鈴聲就出來開門，沒想到他酒後亂性，竟然強暴自己的女兒，他太太聽到尖叫聲起來一看，非常生氣地拿掃把重重地打他，並且馬上報警，於是這個司機很快被警察抓去，被起訴且被判刑。

對這種亂倫的事，連監獄的人也無法忍受。很多人知道他犯下這種罪行，都相當忿怒，就有「角頭」（黑道的老大）出來執行「懲罰」，把他整得很慘。他痛苦到極點，後來申請轉移監獄，這才轉移到這所「外役監獄」來。但即使到了這裡，他還是逃不過挨打的命運。

這個司機知道自己喝醉之後亂了性，做出不可原諒的事情，內心一直感到很後悔，想盡辦法要跟妻女和好。因此，他在服刑期間的工作表現相當好，完全能夠申請回家探親的資格。但監獄規定，受刑人若是想要回家探親，必須要家裡的人買機票寄來監獄，這樣他才能從台東機場搭機回台北。這個司機雖然很想回去向他的妻女表示真誠的悔意，可是他的妻女都很難原諒他，不可能寄機票給他，他自己又沒有錢，就不知道該怎麼辦才好。

這件事被其他的受刑人知道之後，大家都罵他怎會還有臉回去見妻女，罵他不要臉，叫他去死算了。這就是我會看見前述那個情景的原因。

當我知道這件事後，我心想，應該幫助這位司機能夠回去探望他的妻女，至少給他一個承認過錯與懺悔的機會。基督宗教信仰讓我們知道一件事——知道悔改，是上帝所喜悅的事。我想起先知以西結（厄則克耳）對以色列人民傳遞上帝的話：「我不願意看見罪人死亡，寧願看見他改過而存活。以色列人哪，你們要悔改，離棄邪惡的行為！你們何必死亡呢？」（以西結書33:11）

我也想起在耶穌所講的寓言中，有提到一個浪蕩的孩子，在悔改之後回到他父親那裡，他父親接納他的悔改認罪，寬恕了他，並且再次接納他成為他的兒子（路加福音15:11-24）。

我曾跟監獄的相關人員詢問過這個受刑人司機的入監情形，他們都認為他確實是很認真地遵守監獄的規定，而且非常用心地在工作，希望獲得回去探親或是家人來訪的機會。其實，他是用工作表現來向他的妻女表示：我真的悔改了，希望妳們也會原諒我。

因此，我決定想辦法來幫助這個受刑人司機。我先跟典獄長洽談，看監獄是否可以先借錢給他買機票，然後他用勞動所賺的錢來歸還，但典獄長很清楚地告訴我，監獄不可能借錢給受刑人，這是絕對不允許的事。

那時，我在鄉下的教會工作，收入本來就不多，也不可能有多餘的錢去買機票幫助他回去。那該怎麼辦呢？我一直思考這個問題。

我也想過從我所牧養的教會尋求幫助，但由於這間教會是在民風純樸的鄉下，信徒們根本不可能接受父親強暴女兒這種事，就算知道了，也一定是開口痛罵這個父親，絕不可能願意去幫助這個受刑人司機。

我想起教會裡一位姊妹在菜市場擺攤的經歷。有一次，天剛亮的時候，那位姊妹看見一位穿著時髦的婦女來向她買菜，她一眼就看出這位婦女一定是來探監的，因為當地人不太可能盛裝打扮來買菜。

她想到對方可能是為了給監獄裡的親人加菜才來買菜，便生出憐憫的心，問她說：「來探監嗎？」這婦女說：「是啊，妳怎麼知道？」賣菜的姊妹回答：「看妳的穿著就知道了。是判幾年呢？」這位時髦的婦女說：「七年啦！」賣菜的姊妹聽了就說：「唉，可憐喔，判這麼多年！」沒想到，這位時髦婦女竟然回答說：「很划算啦，一輩子也賺不到這麼多錢！」

這位賣菜姊妹一聽，氣到說不出話來，跟這位時髦婦女大聲說：「不賣了，妳去別家買！」隨即把攤位上的菜都收起來，連擺攤用的布也捲好，然後就氣呼呼地跑到教會來找我，很生氣地對我說：「牧師，以後不要去關心這些受刑人了，關心這些人有什麼用！」

確實，在監獄中的受刑人，有些人確實會像這個貪污犯一樣，完全不知道悔改，還認為貪污得到的錢那麼多，才關那幾年，是非常合算的事，也難怪官商勾結的事一再發生。

但並不是每個受刑人都是這樣，知道誠心實意悔改的人還是很多，這位司機就是其中的一位。因此，我心裡還是認為應該要想辦法幫助他回去探親才對。

後來我有一個想法，覺得或許可以試試看，就是寫信給當時唯一那家飛台東和台北的遠東航空公司。我在寫信之前，先向上帝祈禱，懇求上帝幫忙讓這封信會有好結果。信是這樣子寫的：

敬啟者，

我是台灣基督長老教會的牧師，目前在台東關山教會牧會，也同時是外役監獄的教誨師。我有遇到一位受刑人名叫某某某，他家住台北，因為表現良好，獲得監獄准許可以回家探親。可是他沒有錢買機票，我也沒有錢買機票送給他。可否懇請您們給他「半票」優待，而另外一半的錢我來付。謝謝您們的愛心。

我把寫完的信給太太看，她知道我不認識任何遠東航空公司的人員，認為這封信不可能有效果。但我還是用「限時專送」把信寄出去。信寄出之後，我心裡就一直祈禱著，希望會有好的結果。

到了第四天，我突然聽到郵差大聲喊：「盧牧師，限時掛號，請拿印章！」我第一個反應是「有了」，我太太聽到了，也跟著我出來。果然不錯，是用遠東航空公司的信封寄來的掛號信。

當時的機票都是紙本，一印好幾頁，可是這封信的觸感卻是薄薄的，裡面好像並沒有機票。我第一個反應就是拿起來先對著陽光照照看，果然沒有機票，只看見裡面寫了一些字，大約寫了十行。

這真的是讓我非常失望，可是又覺得很奇怪，既然沒有機票，怎會需要用掛號寄信呢？於是我打開信來看，裡面有兩張紙，一張上面寫著：

敬愛的盧牧師，

接到您的信，我們深受感動，因此，決定和您一起來關心監獄的受刑人。以後，若是有我們可以幫忙參與的地方，請不用客氣，來信給我們就是。請您將附上的另一張便條拿給某某某受刑人即可。

遠東航空公司營業處處長敬上

我馬上翻開另外那張便條紙，上面這樣寫著：

憑此便條，某某某從某年某月某日起，到某年某月某日止，來往台東、台北，一律半票優待，且優先登機。

兩張紙上都有營業處處長的簽名和蓋章。

我高興得要命，馬上跟我太太要另外半張機票的錢，以及從監獄到台東的來回計程車錢。當我太太拿給我後，我跟太太說：「早知道這麼容易，我就乾脆說要『全票』。」我太太聽了便責備我說：「怎麼可以這樣貪心，你向上帝祈禱說要『半票』，上帝垂聽你的禱告，就給『半票』不是嗎？」

太太的話讓我心生慚愧，但我還是興奮地騎著摩托車去監獄找人。典獄長看完信，馬上要這位受刑人去洗澡，同時派人去福利社拿些「伴手禮」送給他，讓他帶回去，並且一再叮嚀他，回到家後，一定要跪在妻女的面前好好懺悔一番。

我真的沒有想到，僅僅寫一封信，就有這麼好的結果，而且帶來了更大的效應：從那次之後，每次去監獄上課，都會看到好幾位受刑人站在監獄的大門口等候我，手上還端著熱茶給我，這是以前從沒有過的現象。

此外，有不少受刑人紛紛來問說：「盧牧師，你的後台是誰？」我說：「沒有啊，我有什麼後台？」他們說：「有，典獄長說你的後台很硬，要大家對你客氣一點，連航空公司都怕你，要全票就有全票，要半票就有半票。聽說你的後台是『空軍總司令』喔！」

我聽了差點笑到彎腰。我告訴他們說：「我確實有後台，這後台也真的很硬，就是上帝啦！」他們一聽就一臉失望地說：「你總是開口閉口就說耶穌、上帝！」

但從那次的機票事件之後，我發現監獄真的改變了，沒有人會再欺負別人，也沒有老鳥會欺負菜鳥，他們學會了關心需要幫助的人，這會使人和人之間的距離拉近，整個監獄受刑人之間的互動也開始熱絡起來。

簡單一封關心別人的信，就可以改變很多事，這是最值得我們思考的一件美事。更讓我感動的，是這位司機回去探親後，他的妻女真的原諒了他，因為他足足跪在她們面前好幾個小時，後來是妻女一起扶他起來，大家都擁抱在一起。他也跟妻女發誓，以後絕對不會再喝酒，也不會再跟其他司機聚賭。

後來，他出獄了。我也忘記了這件事。

經過將近三十年後，我到台北東門長老教會來牧會。有一天，一位看起來很面生的人來參加禮拜，他堅持不透露名字，因此我只能介紹他說「歡迎一位新來的朋友參加今天的禮拜」。

禮拜結束之後，我一一送走了所有的會友。這時他才過來跟我說，他就是以前我幫助過的那位計程車司機受刑人。他說要謝謝我當年對他的幫助，他確實依照對妻女所發的誓言，已經沒有沾過一滴酒，也從未再聚賭過，每天都很規律地回家跟家人一起吃晚飯。

他說到這裡就哭了起來，說：「還好有牧師你救了我。」我聽了心裡一陣感動，也跟著哽咽起來。送走他後，我太太看見我紅著眼睛，還以為發生什麼事，害她白白擔心。

我想起一段聖經的話：「承認過失而悔改的，上帝要向他施仁慈。」（箴言28:13）耶穌也說：「健康的人用不著醫生，有病的人才用得著。我來的目的不是要召好人，而是要召壞人悔改。」（路加福音5:31-32）他又說：「我告訴你們，上帝的天使也要為了一個罪人的悔改而高興。」（路加福音15:10）

這位受刑人的故事讓我深受感動，也體會到這個真實的生命哲理：只要我們真心地幫助人，就一定會改變一個人的生命，我們的社會需要更多這樣的愛。

04 國王的最後一次謙卑

上帝要把那自高的人降為卑微，
卻高舉自甘卑微的人。
——路加福音18章14節

到過奧地利首都維也納的人很多，也有不少人會去參觀「哈布斯王朝」（Hapsburg）的皇家墓穴，位於「天神之后堂」（Kapuzinergruft）的地下。「天神之后堂」的發音聽起來有點像一種沖泡咖啡「卡布其諾」，我也喜歡這樣戲稱它。

這間聖堂是專門用來安葬皇室家族成員的地方，地點就在「霍夫堡皇宮」東面不遠之處，在一六三三年建造完成後啟用。目前這座聖堂的地下室堆置了許許多多的銅棺，大小不一，每個銅棺都雕刻得相當精緻。聖堂裡面也會看到許多安葬好的石棺，還有已經化為骷髏的遺體用玻璃鑲在裡面，頭戴著王冠，或是穿上王服等。

存放在這裡的貴族一共有一百四十三位，加上另外四人盛放在容器裡的心臟（或火化後的骨骸），這間「卡布其諾」聖堂可說是一間「墓穴教堂」，安放在這裡的皇室要員包括十二位皇帝和十八位皇后，最後一位葬入皇家墓穴的，是二〇一一年辭世的前奧匈帝國皇太子奧托．馮．哈布斯堡（Otto von Habsburg）。

常常有觀光客進入這座聖堂參觀，但甚少有人知道，過去在皇帝或國王去世時，在這座聖堂舉行的國家葬禮禮儀是很特別、也非常有意義的。

「哈布斯王朝」是歐洲歷史上最為顯赫、統治地域最廣的王室之一。其家族成員從第十三世紀到十九世紀末期，幾乎涵蓋了歐洲所有國家王室，最早還出任過羅馬人民的國王和神聖羅馬帝國皇帝。

在哈布斯王朝最興盛的時代，就建立了這個很有意思的皇家成員告別禮拜的禮儀，這種禮儀一直持續到最後一位皇室成員奧托．馮．哈布斯堡的葬禮，前後將近三百年之久。

這個告別禮儀是這樣子的：

當帝國的皇帝去世時，整個歐洲其他國家的國王、貴族等人都會專程來參加喪禮，各國使節團也會派出代表，因此出殯行列之壯觀可想而知。

王室儀隊走在送行行列的最前面，緩緩地帶領所有參加的王室成員和賓客走向聖史蒂芬主教座堂（Wiener Stephansdom）。許多來自世界各地的觀光客，還有維也納當地的民眾，也都會擠在路邊，觀賞這難得一見的送葬隊伍。

這個隊伍從皇宮開始行進，除了儀仗隊伍走在最前面外，中間和後面都還有各式各樣的鼓號隊伍，確實非常好看。

當隊伍走到聖史蒂芬主教座堂，會先停下來，因為這時座堂的大門和窗戶都是關閉的。隊伍停下來時，儀仗隊的表演也會暫時停下。此時，隊伍的指揮官拿起手上的指揮棒，走到座堂大門前面，用指揮棒大力地敲打緊閉的大門，敲三下，然後大聲喊說：「喂，裡面的啊，快點開門啦！」

裡面有人用很小聲的聲音回應說：「我好像聽到外面有人在敲門，不知道敲門的人是誰呢？」

指揮官大聲回答說：「來敲門的是：奧匈帝國第某某任皇帝，他去世了，要到這間座堂舉行告別儀式，趕快開門啦！」口氣非常地凶惡。

這時，裡面的人會輕輕地說：「這人是誰啊？我們怎麼都沒有聽過？你們也許走錯地方了吧，對不起，我們不認識這個什麼國王或是皇帝的人。」

指揮官一聽到這話，趕緊跑回隊伍中幾位重要皇室成員那裡，這些皇室成員會圍在一起討論這個來自主教座堂的回答。儀仗隊也利用這段時間表演各種好看的儀式，吹奏好聽的樂曲。

經過十分鐘左右，一切表演再度停止。指揮官第二次走到座堂緊閉的大門，再次拿起他手上的指揮棒去敲門，這次敲門的聲音比第一次敲門的力道小多了，聲音也變得比較輕柔。

這時，裡面又有聲音傳出來，比第一次的聲音大了一些。那個聲音說：「我們聽到禮拜堂外面有人在敲門的聲音，請問是誰在敲門啊？」

敲門的指揮官用輕柔且謙卑許多的語氣說：「來敲門的，是奧匈帝國第某某任皇帝，他曾經為奧匈帝國做過許多偉大的事，包括有……（開始念這位皇帝過去的功績，逐一說出來，有如在讀「功名表」一樣）。現在他去世了，要來這裡舉行告別儀式，請你開門吧。」

裡面再次傳出回應的聲音，聲音和語氣都比第一次提高了許多：「對不起，我們從來都沒有聽說過這個人，也不知道他做的這些事。我們還是不認識他。請你們到別的地方吧。」

指揮官聽了之後，又趕緊回到隊伍找皇室成員代表，跟他們說座堂裡面回應的話。當這些皇室重要成員聚在一起商討的時候，儀仗隊伍再次演奏音樂，表演各種花式禮儀。

大約經過十分鐘後，指揮官第三次去敲門，這次，敲門的聲音非常輕。可是與此相對地，座堂裡卻傳出很大聲的聲音問：「我們聽到禮拜堂外面有敲門的聲音，請問是誰在敲門啊？」

指揮官用更輕、更微弱的聲音說：「來敲門的，是一位有罪的人，現在去世了，想要來聖堂做彌撒，尋求神的憐憫與寬恕。」

這時，座堂裡面的人終於高聲說道：「來人啊，趕快來開門，奏樂！」接著又說：「歡迎大家都進來吧！」

就在這時，主教座堂的大門緩緩地打開，座堂內突然琴聲大作，聖歌隊的人也跟著唱起詩歌來，所有參加皇室喪禮的賓客依序地進入座堂，大家都一臉謙卑地坐好，由大主教帶領大家一起做彌撒。

這就是哈布斯王朝好幾百年來的傳統，是在告訴所有人知道一件事：所有被歌功頌德的偉大人物，在上帝眼中都一樣，是個罪人。當生命面對上帝審判時，若是想要獲得上帝的憐憫、寬恕，除了謙卑認罪外，沒有其它的途徑可循。

我想起耶穌說過一則比喻的故事，是記載在〈路加福音〉十八章九至十四節，這比喻是說：

有兩個人到聖殿裡禱告；一個是法利賽人，一個是收稅的人。那個法利賽人昂然站立，禱告說：「上帝啊，我感謝你，因為我不像別人那樣貪婪、不義、淫亂、更不像那個稅棍。我每星期禁食兩次，又奉獻全部收入的十分之一。」但是那個收稅的人遠遠地站著，連抬頭望天都不敢，只捶著胸說：「上帝啊，可憐我這個罪人！」

我告訴你們，這兩個人回去的時候，在上帝眼中的義人是那個收稅的人，而不是那個法利賽人。因為上帝要把那自高的人降為卑微，卻高舉自甘卑微的人。

每當我想起耶穌所說的這則比喻，以及奧匈帝國王室喪禮的傳統，再回頭看看台灣許多喪禮的做法，都讓我感觸甚深，特別是一些很鋪張的場面，其實，那都不是很需要的。

想想看，當年奧匈帝國是世界八大強國之一，也是地跨中歐、東歐、南歐的大國，其人口之多、軍事工業之強、經濟之繁榮、農產物資之豐富，都是世界頂尖。但他們的皇室還是透過這些禮儀在提醒所有的人：只要是人，都要面對上帝的審判。

我常告訴信徒，對自己親人最好的懷念方式，不是在告別禮拜中請什麼政治人物來參加，或講些歌功頌德的話，因為連黑道老大這種重罪之人的喪禮，也常有政治人物送來上面寫著「痛失菁英」的輓聯，實在是虛偽又諷刺。若是我們的親人有留下最好的典範，那就將這些典範傳承下來，這樣一來，每當有人看見我們所做的美好之事時，別人就會說：「他好像他的父親（或母親）一樣，都會做這樣的好事。」

只有真實的愛才會讓人永遠懷念，其它的都不會。無論是多麼花俏、奢華的喪禮，有多少達官顯要說那些好聽的話，都只有短短幾分鐘的時間而已，很快就會過去、消失，甚至那些被認為很重要的人物和他們所講的話，也只不過是應付罷了，沒有什麼意義可言。

每次去維也納，我都會去參觀這間曾經顯赫一時的皇家墓穴教堂，坐在裡面靜思冥想：什麼時候，我們可以在台灣基督教會的禮拜堂看到這種形式的告別禮拜？讓信徒都能因此學習到一門重要的信仰功課：來到敬拜上帝的地方，無論貧賤富貴都一樣，大家在上帝面前都是罪人，都是在學習尋求天父的憐憫與寬恕。

當所有的基督教會都如此看待信徒時，信仰內涵距離天國的距離將越來越近。因為只有用這樣的心境敬拜上帝，我們才會建立一個清楚的信仰態度，那就是上帝才是生命的主宰！

05 最貧窮的總統穆希卡

你們要謹慎自守，躲避各樣的貪婪；
因為，一個人無論怎樣富裕，
他的真生命不在乎他有多少財產。
——路加福音12章15節

二〇一五年三月一日，七十九歲的烏拉圭總統穆希卡（José Alberto Mujica Cordano）卸任。當天他卸任演說結束時，有數以千計的烏拉圭人民擁到總統府前歡送他、感謝他，透過電視媒體轉播聽他卸任演講而落淚的民眾更多。

這個位於南美洲的國家烏拉圭，並不是一個很富有的國家，在全世界的排名遠遠比不上歐美那些軍事經濟強國。但這位出身農家，且曾因為加入反抗獨裁政府的游擊隊而遭到逮捕，被關入牢裡長達十四年的總統穆希卡，卻在他卸任時，引起了全世界的注目和討論。

二〇〇九年，當時七十四歲的穆希卡當選總統，他在隔年就任總統時，就拒絕進入政府提供的總統官邸居住，寧願和妻子居住在自己的農舍中。這種農舍可不是台灣鄉村許多有錢人家所蓋的那種「別墅」農舍，而是非常普通的農家房子，也是他們原本居住的地方。他說他家的農舍比他蹲了十四年的牢房大太多，已經非常舒適了。

穆希卡與妻子並沒有子女，只養了一隻少一條腿的狗。他當上總統之後，也拒絕政府派給他的隨扈，平時家裡只有兩名看門的警員和那隻狗陪著他們夫婦。更令人驚嘆的，是他上下班時也拒絕任何官員或安全人員隨行，更不用開防彈轎車接送。他說烏拉圭的人民不會去做這種傷害別人性命的事，因為大家都是有真實信仰的人，知道生命相當珍貴。

他每天到總統府，上下班都是自己開著朋友送給他的那輛已經開了長達二十五年的淺藍色金龜車。只要是休假的日子，夫妻兩人就在自己的農場耕種，家裡有兩台拖拉機。

當時政府給他的薪水是每個月一萬一千美元（將近三十五萬台幣）。他說太多了，只需要一千美元就夠了（大約三萬元）。因此，他每月都捐出一萬美元給慈善機構，幫助貧窮的人。當他退休時，中東產油國家有富豪想用一百萬美元買下他那輛老舊的金龜車作為紀念品，但被他拒絕了。他說那輛車子是朋友送的禮物，他不能將這樣的「珍貴」禮物給賣了。

他執政時，最令人動容的政見是：「在我治理之下的國家，不會出現乞丐。因為那是一個國家貧窮的記號和恥辱。我要讓烏拉圭所有人民都有食物，不會飢餓。」果然，當他卸任時，烏拉圭全國飼養的牛隻已經超過一千五百萬頭，比全國三百三十多萬人民還要多出五倍的數量。

他落實社會福利，並且讓人民知道：**會分享，就是富有；想要貪得更多，就是貧窮**。也因為這樣，烏拉圭人民也是全中南美洲最樂於捐助救災、幫助福利機構的國家，也是最喜歡與別人分享的國家。

在他卸任總統的前夕，有許多國家的新聞媒體去採訪他，這些記者都說他是全世界最「貧窮」的總統，因為從他的穿著、車子、住屋來看，都是所有總統、國王、主席當中條件最差的：每月僅拿微薄的薪水作為生活費用，開著老舊的車子，住在一般農夫居住的自宅。

但他卻這樣告訴所有來採訪的記者：

我是全世界最「富有」的總統，因為我每個月所領到的薪水，多到還有一萬美元可以「分享」給需要的人。誰說我是最「貧窮」的總統呢？

貧窮，就是指不夠，因為不夠，才會想要索取更多。我因為太「富有」，所以沒有欠缺，也會與需要的人「分享」。一個人若是知道「分享」，就表示他已經夠了，且是夠多了。

這個世界就是因為太貪，因此，糾紛不曾間斷過。若是我們都知道知足、分享，我們的世界就不會浪費許多金錢在軍事武器上。

最有意思的，是他在詮釋生命的意義時，是這樣子說的：

我們的生命是如此短促，一眨眼就過去了。在這世界上，最珍貴的就是生命。因為有生命，才有所謂意義可言。因此，若是我們把生命用來拼命工作，只為了要追求過多且不必要的物質享受，卻因此而縮短了生命，這是非常可惜的事。

這個世界有一種怪物，就是貪婪，這種怪物經常為了要滿足人們的慾望，製造出許多用一下子就丟棄的商品，這樣就可以讓廠商賺取更多，卻忘了地球的資源是相當有限的。終有一天這些資源會枯竭，那時候我們才想到要節制，就太遲了。

面對這些來自歐美的媒體記者，他分享了一段南美洲原住民所說的諺語：「貧窮，並不是因為『擁有』太少，而是『需要』太多，結果永遠不會滿足。這才是真正的貧窮。」

這使我想起耶穌說過的話：「你們要謹慎自守，躲避各樣的貪婪；因為，一個人無論怎樣富裕，他的真生命不在乎他有多少財產。」（路加福音12:15）

使徒保羅（保祿）也這樣說：「一個人若知足，宗教的確可以使他富有。我們到這世界，沒有帶來什麼；我們又能從這世界帶走什麼呢？如果我們有得吃，有得穿，就該知足。」（提摩太／弟茂德前書6:6-8）

不論是現實環境或是心靈層面，穆希卡總統的這番話，都值得我們深深省思。

06 生命怎樣來，也要怎樣去

他空手到世上來，也得空手回去。
不管在世上怎樣勞碌，
他什麼都不能帶走。
——傳道書5章15節

故事是這樣說的：

有一隻狐狸，因為餓了好幾天，到處尋找吃的東西，可惜都找不到。後來牠走到一座有著木板籬笆圍牆的葡萄園，牠從籬笆外面往裡看，看見葡萄正好成熟，粒粒飽滿，看起來非常甜美可口。因此，這隻狐狸就想進去偷摘葡萄來吃，牠實在是太餓了。

可是，狐狸找不到可進入的地方，因為門是關著的，且圍牆很高，狐狸無法翻過去。牠看著那些成熟又香甜的葡萄，真的是越看肚子越餓。就在這時候，牠突然想到一個方法，於是找了一處比較陰暗的圍牆，在牆邊的一個地方開始挖，想要把圍牆挖出一個洞。

狐狸使盡了力氣，才把圍牆的籬笆挖出一個小洞，然後用擠鑽的方式，好不容易才讓自己鑽了過去。狐狸非常高興，這些葡萄就像牠在籬笆外看見的一樣，既飽滿又甜美，牠吃得非常滿足。就這樣，牠一連吃了三天，實在是再也吃不下了，整個肚子漲到鼓鼓的。牠想在葡萄園裡好好睡一覺，等醒來後再繼續吃個夠。

此時，牠突然聽到葡萄園附近有腳步聲走近，牠仔細聽，原來是葡萄園主人帶著僕人來察看葡萄是否成熟了。他們的聲音聽起來越來越接近，讓這隻狐狸非常緊張。牠聽到主人對僕人說：「還好有提早將圍牆築起來，要不然被狐狸跑進來，一定會把這些美味的葡萄吃光光。這可是我特別去挑選出來的葡萄種，價錢很貴呢！你們看，長出來的果實是那麼地美。」

狐狸聽到這些話，嚇到尿都快流出來了。牠趕緊跑向原先挖洞的地方，想要鑽出去，但奇怪的是無論牠怎樣鑽，總是頭出去了，身子卻卡在籬笆中間，無法動彈。牠低頭一看，原來是肚子太漲了，圓鼓鼓的卡在籬笆的木板之間，使牠鑽不出去。牠越來越緊張，因為主人和僕人的腳步聲、說話聲已經越來越接近葡萄園的門口。

怎麼辦呢？狐狸很清楚知道，萬一被主人和僕人發現，牠一定會被活活打死，就算不死，也會打到殘廢。狐狸越來越焦慮，但沒有用，無論牠怎麼鑽，身子老是卡在籬笆之間。狐狸想來想去，認為必須先設法保命比較重要，於是牠把身子縮回來（這個很快就成功了），再趕緊在圍牆邊的地上挖了洞穴，鑽到洞穴底下藏起來。

每當聽到主人和僕人講話的聲音，牠就非常害怕他們發現牠挖開的洞口；每當聽到主人和僕人的腳步停留下來，牠就深怕他們發現了牠暫時用來藏身的洞穴。於是，牠躲藏在洞穴裡，連動也不敢動，更不敢出來，生怕被發現而被打。就這樣，直到整整三天時間過去，牠再也聽不到主人和僕人的腳步聲，也聽不到他們的講話聲。牠依據經驗判斷，主人和僕人應該是離開了。於是牠小心翼翼地從洞穴中爬了出來，第一件事就是四處張望一下，確定主人和僕人都離開了。

這時牠已經不敢久留，因為牠有聽到主人說要僕人去找人來採收葡萄。牠趕緊跑到原來鑽進來的洞口，想要把洞挖得大一些，好使自己更容易出去。牠在洞口邊試著鑽看看，想要了解還差多少就可出去，卻沒有想到，這次竟然很容易就鑽了出去。

牠無法相信，怎麼會這樣？不是卡在肚子上嗎？於是，牠又回來鑽一次，確實很容易就過去了。牠這樣在籬笆洞口進進出出好幾遍，都非常容易，這時候，牠突然想再回去吃一頓，卻又深怕主人和僕人很快就會回來，於是牠一面走，一面還不停回頭張望那個籬笆洞口。

猶太拉比（意即導師）所說的這個故事，是要告訴學生：狐狸是很狡猾的動物，但牠對生命的事永遠不了解。在這世上，很多人看起來很聰明，好像什麼事都很清楚的樣子，可惜，大多數的人就是對生命的事永遠不了解，也不想要去學習或認識。

拉比說，這隻狐狸之所以會卡在籬笆中無法出去，是因為牠吃得太多、太飽，導致肚子卡住。當牠為了要躲葡萄園的主人和僕人而藏在洞穴中，有整整三天時間沒有吃也沒有喝，肚子因此消瘦很多，比牠進來時還要瘦，自然就很容易出去了。

當拉比解釋過後，接著就說：「人的生命就是這樣，你怎樣來到世界上，也一定會怎樣回到上帝那裡。」

我想起聖經中有這樣的一段話：「我空手出生，也要空手回去；上主賞賜的，上主又收回。上主的名應當受稱讚！」（約伯記1:21）另外一段經文也說：「他空手到世上來，也得空手回去。不管在世上怎樣勞碌，他什麼都不能帶走。」（傳道書／訓道篇5:15）

聖經的這些話，正好說出了生命的真實性，我們是空手出生，必定是空手離開這世界。台灣俗語說：「死人穿的衣服，沒有口袋。」因為沒有口袋，自然就什麼東西都帶不走。這句話正好也說明了這樣的生命哲學。

07 人生一定要準備的一件事

信我的人，雖然死了，仍然要活著；
活著信我的人一定永遠不死。
——約翰福音11章25節

新聞媒體曾經用很大的篇幅來報導廣播名人傅達仁先生寫給總統的信，希望准予「安樂死」，後來又報導他在教會舉辦的一場「生前告別式」，場面相當溫馨感人。

我在二〇一四年九月接到李景行牧師的「請帖」，說是「生前吟詩惜別感恩禮拜」。我感到有點不解，打電話去詢問才知道，李牧師已經洗腎長達十八年時間，而牧師娘因為患有腦瘤已開過三次刀，最近又再次復發，他們深感來日不多，希望能夠在生前先舉辦「生命臨終的告別禮拜」。這樣一來，他們就會知道誰有來參加，也可以見到大家的最後一面，免得死了之後才舉行，誰來了、誰沒有來，都不清楚。

李牧師是一位在聖樂造詣上頗有心得的牧長，經常在教會報章雜誌上發表研究心得。後來他在舉行「生前惜別感恩禮拜」時，便用自己創作的聖詩當作禮拜的主軸，並將自己所寫的詩曲和文章彙集成冊，當作紀念品送給所有參加的人。

比這更早的「生前告別式」是在二十多年前，由嘉義朴子教會的吳耀明長老所舉行；他是牙醫師，也是年老體衰，又是癌症末期，自感來日無多，因此要求教會牧師先替他舉行生前告別禮拜。當天他是躺在病床上被推到禮拜堂的，而參加他「生前告別禮拜」的親朋好友之多，可說是塞滿了整座禮拜堂，大家都想要見他最後一面，也想跟他握個手道別。

主持禮拜的牧師留給他一些時間，講講最後的幾句話。他提到想要感謝的人，也特別叮嚀他的子女一定要知道這些有恩於他的親朋好友。然後他對自己曾經在待人處事上得罪過的人，當眾表示由衷的歉意，他逐一提起這些人的名字，懇求他們能原諒自己。

這些話都是發自肺腑之言，當他說到此處時，幾乎所有親友都感動到痛哭流涕，有幾位被點到名字的親友甚至高聲大喊：「沒有，你沒有得罪我們！是我們愚蠢不明白，請你不要這樣說！」

我第三次參加「生前感恩禮拜」，是在台東的一位好朋友，他曾當過天主教公東高工的校長，也是台東基督長老教會的長老，名叫黃清泰。他在八十歲生日那天，在台東教會舉行「生前感恩禮拜」。他請自己當牧師的孩子黃哲彥親自主持這場禮拜，過程中也是一樣，他向許多親朋好友致謝，並向自己過去得罪過的親友致歉。最有趣的，是他說了這句話：「從現在起，凡是欠我債務的人，就此一筆勾銷。」這一講，全場參加的人都拍手叫好。

上述這些事，都是在說明人們對生命豁達的態度。無論是誰，生命總會要面臨終點站，下車的時刻，用歡喜、寬闊的心看待，就不會有任何遺憾。這些人舉行生前告別禮拜時，都一再強調，當他們真的去世時，親友不用再來參加告別式，也不會發通知了。

身為基督教的傳道者，我常常去醫院探訪生病入院的會友，也常被問到該為自己的親人準備哪些後事。我也曾遇到病人親自詢問我關於後事的問題，但比例不多，因為「死」這件事一直是台灣人對生命態度最大的禁忌，甚至當病人問到類似問題時，身旁的親人還會加以阻止，或是暗示我不要再談這個話題，即使是信了耶穌的信徒也是一樣。

在醫院當宗教師，我也經常遇到有人問我：「要不要將親人的病況據實相告？」

會有這種問題出現，原因之一是害怕病人承受不了。確實是有這種病人，心中充滿著矛盾，一方面要醫師坦白相告，但當醫師說情況不樂觀時，便吵著說不要醫了、他要準備死了，但他的內心並不是真的這樣想，而是想出院去尋找看看有什麼秘方，或是找到能力更好的醫師來治好他。

其實，即使醫師說病情「不樂觀」，也不表示真的就沒有辦法醫治了。醫師會這樣說，是要讓病人知道醫生的能力也是有限的，有些病症，雖然現在醫藥確實很進步，還是有使不上力的時候，但身為醫師他會努力。沒有任何一個醫師膽敢跟病人掛保證說絕對會好，因為即使是最普通的感冒，都有可能使生命因此終結。

但若是病情果真已經到了末期，醫師和家人還是隱瞞不說，並不表示這樣就會比較好。很多時候家人不忍心坦承相告，病人因為沒有被告知，很可能誤以為自己可以逐漸康復，因而該交代的事沒有準備、該說的話沒有說、該做的事沒有辦好，若是在這時候，病人的病情急轉惡化而無法言語，或是意識陷入混亂不清，家屬就會很懊悔沒有及早讓親人交代要辦理的事，或是說出內心想說的話。

我個人是比較傾向讓即將離世的親人知道詳情，好讓病人在心理上有所準備。這包括兩件事情：

一是不要**「含恨而終」**：因為含恨是生命最不好的終結方式。如果人到了臨終時，心中還懷有怨恨，那就要盡力去化解，無論對方是否接受，這至少是對自己的生命有所交待。也許錯不在己身，而是在對方，但表示願意寬恕，就是生命中最高價值。因為會寬恕別人，就等於寬恕了自己。

二是不要**「抱憾終生」**：趁剩下還活著的時日，看看有什麼事想完成，好了卻心中的願望，若是真的有未竟的想望，就要努力去達到。例如民主運動推手盧修一先生，雖然知道自己已經是癌末，且身體相當虛弱，但他有個很大的心願，就是想要登上玉山看台灣的美。因此，有一群他的親朋好友就陪著他去爬玉山，完成他心中最大的願望。這樣一來，就不會抱憾終生。

不知道為什麼，台灣人很怕談到身後之事，然而「死亡」是每個人都必須親身經歷到的事。避談此事，沒有解決問題；反而是勇於面對，好好想想身後事，就會減少恐懼與不安。因此我認為，在生前就為自己好好地準備身後事，比過世後由親人舉行隆重的告別禮儀來得有意義。

可能上述這些人都有基督宗教信仰的關係吧，他們對生命不再有所恐懼，因為他們相信耶穌說的這段話：「我就是復活，就是生命。信我的人，雖然死了，仍然要活

著；活著信我的人一定永遠不死。」（約翰福音11:25）

基督宗教信仰是不會說「死」這個字的，因為基督宗教信仰說的是「復活」，而復活，就是勝過死亡。因此，在基督宗教信仰裡，會將「死」當成「睡覺」來看待，而相對地，「復活」就是甦醒過來的意思（馬可／馬爾谷福音5:39）。

08 什麼樣的母親才真正偉大？

咒罵父母的人，
他的生命要像一盞燈在黑暗中熄滅。
——箴言20章20節

每年的五月第二個禮拜日，是台灣和許多國家慶祝母親節的日子。目前所知最早的母親節起源，傳說是在古希臘時代。在這一天，古希臘人會向希臘眾神之母「莉雅女神」致敬。在第十七世紀中葉，這個節日流傳到英國，出門在外的英國年輕人都會在這一天返家，並送給母親一些小禮物表示心意。

這節日會推廣到美國和世界各地，和一位美國的基督教宣教師有密切關係，就是安娜・賈維斯（Anna Jarvis）。她提出應該設立一個紀念日，來紀念絕大多數沒沒無聞、卻做出奉獻的母親們，特別是那些兒子去打仗而犧牲在戰場上的母親，她們因為國家失去了自己的兒子，年老時也沒有兒子陪伴，需要人們更多的關懷。後來，美國國會通過議案，將每年這一天訂為母親節，表達對全國所有母親的尊敬。

每年母親節，我們社會還有另外一個從美國傳來的活動，就是若母親還活著的，身上就會配戴紅色的花，若母親已經去世了的，就配戴白色的花。這種風俗也透過基督教宣教師帶到世界各地，伴隨著母親節的慶祝活動，在全世界舉行。

我相信很多人還有深刻印象，就是過去政府每年母親節都會舉辦「模範母親」活動，表揚一些家中有傑出子女的母親，認為就是因為這些母親很「賢慧」，才會教出「很有成就」的子女，這些子女若不是當醫師，就是當工程師、會計師、教授等等，報紙媒體也會用很大版面介紹這些「模範母親」的偉大事蹟。

可是有一年的母親節，在教會的小孩子聚會中，我突然看見一個才三歲的小男孩和一個五歲的小女孩竟然佩帶著白色的花，讓我感到相當震驚。後來才知道這是一對姊弟，而他們的母親在生下弟弟時，因為血崩而失去了生命。這位小弟弟生出來時就沒有了母親，而姊姊那時才二歲，對母親的印象是相當模糊的。

為了要照顧這對從小就失去母親的孩子，父母雙方的家人幾乎是全家總動員，從阿嬤到姑姑、姑丈、外祖父母、阿姨、舅舅等等都投入了。在我的看法裡，這對姊弟父母兩邊的親人都很偉大，因為他們確實不分彼此，很用心地在補全這對姊弟成長時對母愛的需要。

每年母親節，我都在教會看見這對姊弟出現在聚會中。他們身上配戴的白色花朵，常常引發我去思考這件事：到底是怎樣的母親才算是模範或偉大的母親？是兒女都很有成就的呢？還是像這對姊弟的親人那樣的呢？

特別是當我到原住民山地去訪問時，看見許多家庭都是隔代教養，父母為了要討生活，必須遠離家庭到都會區做工，把孩子留給年長的父母照顧。這些年長的父母既要耕種一小塊僅可供餬口的土地，又要照顧孫子，身體又因為年歲增加，有時連走路都感到困難，看見這些景象，再度讓我想起這個問題：怎樣的母親才是偉大的「模範」？

其實，在更早之前，我就思索過這件事。我在一九七四年神學院畢業後，受差派到台東關山去牧會，隔年的五月第二個禮拜日，也就是慶祝母親節的那天，教會一樣準備了紅花和白花給大家配戴在胸前。

那天做完禮拜後，有一位中年母親帶著她已經有十歲大的孩子來跟我說：「牧師，請你替我禱告。」

我問說：「妳要我替妳禱告什麼？」

這位母親告訴我說：「牧師，請你替我向上帝禱告，拜託上帝是否可以早一點把我的孩子接去天上，要不然，就讓我活得比這個孩子長久些。」

她說完，兩眼的眼眶都紅了起來，她的右手放在孩子的右肩上，孩子臉上的表情是帶著微笑看著我，我到現在還記得很清楚。

當時聽她這樣說，確實是讓我感到相當驚訝，原來這個已經十歲的孩子，智力卻只有五、六歲的程度而已。因此，需要媽媽替他洗澡，連上廁所都要母親或姊姊幫忙。後來這母親才跟我說，她不敢期待將來孩子的哥哥結婚後，會替她照顧這個弟弟；她也不能要求以後女兒出嫁後，還會像現在這樣替她照顧弟弟。她說：「若有一天我死了，而這孩子還活著，以後這孩子要怎麼辦？這是我長久以來一直在想的問題，因此，我想祈禱上帝幫助我成全這件事：看是讓我活得長壽點，或是讓這個孩子早點結束世上的生命。」

聽完她述說對孩子的關心與擔憂之後，從那時開始，每年母親節一到，都會引起我思考這個問題：政府長久以來頒發所謂「模範母親」給家裡有「傑出成就」子女的母親，這到底有什麼意義？

從那時到現在，已經過了四十多年，那孩子如今已經是五十多歲了，那位母親到目前也還活著，但已經是八十多歲的老人，不但行動不再像中年時代那樣靈敏，耳朵也有了重聽，甚至在記憶上也開始有遲緩的現象出現。有一次遇到她時，她問我說：「牧師，你到底有沒有替我祈禱？」我真的答不出來，因為我也不知道該怎樣向上帝祈禱。

到底什麼樣的母親才是偉大的母親，或是模範母親？是孩子的學校功課好呢？或是孩子都有社會地位的？還是孩子都當公司老闆的？坦白說，有學校功課好的孩子，當父母的實在是很輕鬆，因為不用父母多費神，有的孩子甚至不用補習就可以考到很好的成績。有不少父母將龐大的產業移交給子女，這些子女建立起來的家庭所生下的孩子，照顧上更是沒有負擔。

因此，我認為真正偉大的母親，應該是那些生下的孩子身體有障礙的父母，或是後來因為出了意外導致孩子身體有缺陷的，這樣的母親才是最偉大的。因為這樣的父母，特別是母親，要付出更大的力氣和心神去照顧這樣的孩子，甚至要付出一生的時間來陪伴孩子。

另外有一次，我到醫院跟一位住院病人談話，病人的妻子就坐在病床邊。正當我們談到對生命的看法時，這位病人突然笑著跟我說：「天使來了。」

我一聽，很自然的反應就是抬頭往上看，也轉身朝四周看看，接著心裡想：「這位先生是不是因為病情嚴重而開始有了幻覺？」就在這時，病人的妻子對我使個眼色，我就跟著她走到門外，到了電梯口附近，這位夫人跟我說：「牧師，等一下我先生所說的『天使』就會來到，那時我再告訴你整個事情的經過。」

剛說完，電梯門開了，出來一位女孩，年紀大約二十出頭，身邊有一位外傭攙扶著她，她好像走路不太穩，卻很有精神地對我身旁的夫人喊道：「媽媽，我愛你！」她們兩人互相擁抱後，便一起走入病房。

我也跟在後面走到病房，只見這女孩一看見躺在床上的父親，整個人好像飛起來一樣撲了過去，就趴在父親身上，而她父親也緊緊地擁抱著她。眼前的情景讓我覺得，這個身體有殘缺的女孩和她父母之間的感情，已經到了心電感應的狀態了。

後來，這位夫人跟我述說了這樣的故事：

當小女孩大約四歲時，生了一場大病，被醫生診斷出有腦性麻痺的病症。在那之後，先生就決定每天準時上班也準時下班，所有的應酬都交代公司的副手負責。先生每天陪伴三個孩子一起用晚餐，之後就陪著孩子讀書、寫作業。

女兒因為父親的耐心指導，雖然身體有缺陷，功課卻跟得上學校的進度，若有出遊，一定全家一起去。兩個哥哥也學會和父母親一樣，對這個患有腦性麻痺的妹妹照顧有加，後來他們分別結婚成家，媳婦和孫子也都和兒子一樣，大家都很疼惜這個腦性麻痺的女兒。

後來他們有一次全家出國旅遊，先生很感恩地對妻子和孩子、媳婦們說，這女兒是他們全家的天使，是上帝賞賜給他們家最好的禮物。因為自從女兒有狀況之後，先生才知道家比什麼都重要，絕不在外面跟客人應酬交際。若是很重要的客人，就帶回家裡，讓客人也認識自己的家人，很多客人覺得這樣做相當窩心，也一起關心這個女孩。這就是先生所說的，女兒是他們家的天使的原因。有了這個天使，他們的生活更完美、更溫馨。

聽了這位夫人的說明之後，我終於明白這位癌末病人真的非常偉大，即使事業這麼忙碌，仍然分出更多心神照顧自己身體有缺陷的女兒，實在很了不起。

還好，近年來政府已經不再只頒獎給那些兒女有「成就」的母親，也知道要頒獎鼓舞家裡有缺陷兒女的父母，而媒體在報導上也有了許多改變，知道要多報導那些在困境中拉拔身體有殘缺的子女長大的母親事蹟。這樣的事情與報導越來越多，是非常好的現象。

聖經的〈箴言〉有幾段這樣的話語：「無恥之徒虐待父親；下流之輩逼走母親。」（19:26）「你母親年老，要敬重她。」（23:22）「嘲笑父親或藐視年老的母親的，將被兀鷹所吃，眼睛會被曠野的烏鴉啄出來。」（30:17）

這些都是警語，告訴我們必須對生育、養育我們長大的父母心存感恩。我們應該說，只要是盡心盡力養育孩子長大的父母，都是很偉大的父母，特別是付出更多心血照顧那些身體有缺陷的兒女的父母，更是偉大，也更需要我們社會給予加倍的關懷和鼓勵。

09 天使與生命簿

另外有一本生命冊也展開了。
死了的人都是照著他們的行為，
根據這些案卷所記錄的，接受審判。
——啟示錄20章12節

在基督宗教信仰中有一種看法，就是每個人一出生，生命中就隨著帶來兩樣東西。

第一個是天使。每一個出生的生命，都會有一位天使。這天使常會在人們伸出手救助別人的時候顯現，他代表著人們生命中的愛，而這種愛，是為別人付出的愛。也因為這樣，我們會看到若是有人接受了這份愛，當他看見有恩於他的那個人時，就會說這個人是他生命中的天使。

〈馬太福音〉（瑪竇福音）記載了耶穌講的這段話：「你們要小心，不可輕看任何一個微不足道的人。我告訴你們，在天上，他們的天使常常侍立在我天父的面前。」（18:10）

想想看，在社會中，誰會是人們眼中「微不足道」的人？我們社會常常是重視那些達官顯要、有錢有勢的人物，卻甚少去注意、甚至還會瞧不起那些微不足道的卑微之人。但千萬不要忘記，即使是最卑微的人，也有他們的天使在上帝身邊，這些在上帝身邊的天使，會向上帝報告這些微不足道的人生活在世上的所有際遇。

第二個是生命簿。這意思是說，每個人出生時，身上都帶有一本生命簿，記錄著每個人一生的事。所有大大小小、不論好壞的事，都會被鉅細靡遺地記錄下來。但要注意，能在人的生命簿上做記錄的，並不是人自己，而是天使在記錄。因為人都會記下最美好的事，就算有記下一些糗事，也不會是關係到名聲的事。大家都會想辦法讓別人看見自己偉大、值得懷念的一面。但天使不會只記錄這些，他還會記下每個人在暗中所做、所想的事，因為人的心思意念會影響到他的行為和動機。

我想起〈啟示錄〉（默示錄）有這樣的一段話：「我又看見死了的人，無論尊貴卑微，都站在寶座前。案卷都展開了；另外有一本生命冊也展開了。死了的人都是照著他們的行為，根據這些案卷所記錄的，接受審判。」（20:12）

這段經文很清楚地說出一個基本道理：人死後都有審判，而審判的神會依據每個人身上的「生命簿」作為審判的憑據，這表示神的審判都是公正的。

這也說明了一件很重要的生命認知：對所有我們遇到的人，對所有的生命，都要給予尊重，千萬不要小看我們伸手去做任何一件可以做到的微小好事，我們身邊的天使會在我們的生命簿上記下我們所言所行的一切。而終有一天，這些都會成為神審判的依據。如同德蕾莎修女創辦的仁愛修會有一句標語：「伸出你的手，做你的手所能做的每一件微小好事。」意思就是在這裡。

我想起日本有一位很有名的文學家叫做芥川龍之介，他寫過一篇名為〈蜘蛛絲〉的短篇小說，故事是這樣子的：

有一個很惡劣的人，經常以欺負別人為樂，大家都非常恨他，卻又怕他。他常常會出手傷害別人，甚至毫無理由地殺害別人。因此，只要看見他來，一般人都會設法趕緊閃開，不想與他碰面，這讓這個人更覺得自己可以為所欲為。

有一天中午，他走累了，到一棵大樹下休息。他打著瞌睡正要入眠的時候，突然有一隻蜘蛛吐絲垂吊下來，就在他鼻子的地方。蜘蛛看見他的鼻孔，還以為是個洞穴，可是又鑽不進去，因為有鼻毛阻擋。這隻蜘蛛在那裡爬來爬去，讓這個人覺得很癢，便醒了過來。他揉揉鼻子，想繼續睡下去。

這隻蜘蛛看見這人的手拿開了，就又到他的鼻孔前爬來扒去，讓這個人非常不舒服，因此，他這次是用兩隻手在臉上抹來抹去，這隻蜘蛛看見嚇了一跳，差一點就被這人的手指抹到。當這個人又閉起眼睛準備打盹的時候，蜘蛛第三次來到他的鼻孔邊緣，想要鑽進去。就在這時，這個人徹底醒過來，發現是一隻蜘蛛，非常生氣，就伸手要抓牠，蜘蛛看到驚恐萬分，趕緊斷了絲，跳到地上逃走。

這個人快步追趕這隻蜘蛛，蜘蛛逃命途中發現樹下有個小洞穴，就毫不猶豫地鑽了進去，這人一看，便趴在地上往洞內瞧去，看了很久，都沒看見蜘蛛的蹤影。

這個人決定一定要抓到這隻蜘蛛，但他無論怎樣弄，就是抓不著，因為洞口太小，裡面又是一片黑暗，什麼都看不見。於是這個人就在地上檢了一根小樹枝，然後趴在地上，將小樹枝伸進洞穴裡挖來挖去，好幾次就快要戳到蜘蛛了，還好都被蜘蛛閃過。

這個人弄了大半天還是沒有成功，就對著洞口說：「改天若再被我遇到，一定將你揉死。」說完，他就離開了那棵樹。

後來有一天，這個人死了，下了第十八層地獄，在那裡受盡地獄苦刑的懲罰，感到痛苦萬分，每天都仰望著天上痛苦地哭喊著。差不多的時間，蜘蛛也死了，卻是升到天上去。

在一個黃昏的時刻，天上的神在天庭散步，突然聽到有淒厲的哭喊聲，天上的神就往下俯視，看看到底是怎麼了。這時，這人剛好也看見天神看著他，就大聲對天神呼叫說：「神啊，請祢可憐我吧，我在這裡真的很痛苦，我以後不敢了。請救救我吧！」

天神聽了之後，生出憐憫的心，就去查看這個人的記錄，看看是否可以幫得上忙。可是天神查看了很久，還是看不到這個人生前有什麼好記錄。因此，祂就告訴這個人說，你生前記錄很不好，在地獄中受苦是應該的。

聽到天神這樣說，這個人並不死心，一再懇求天神再查看看，他相信自己在生前應該有做過什麼好事才對，可能不是很偉大，但至少也有做點好事吧。

於是天神就說：「好，我再去查查看。」天神就去調出這個人的所有檔案資料，看見這個人的生命簿中僅有一條紅色的絲，記載他曾因為想要殺害一隻蜘蛛沒有成功，最後放了這隻蜘蛛活下去。天神看了之後，非常感慨地說：「這個人一生做盡壞事，唯一可以談得上的好事，就是放過這隻蜘蛛的生命。」

因此，天神就去叫這隻蜘蛛過來，對蜘蛛說：「這個人生前放了你，你就去救救他吧。」蜘蛛聽天神的話，就從天庭吐絲，下到陰間最底層的地方，去救這個人。

這個人突然看見一條繩子從天上垂降下來，非常高興，知道天神已經寬恕了他，且要救他脫離地獄的懲罰。他趕緊把握機會，雙手緊握著繩子，開始往上攀爬。

他爬到一段落，往上一看，哇，怎麼看不見天際。然後往下一看，更不得了，他看見有許許多多的人跟他一樣，也都抓住了這條繩子往上爬，且速度很快。

「怎麼會這樣呢？」他感到不解，但他怕被底下的人追上，不敢多停留，連喘氣的時間也沒有，就更用力、更快地往上爬。他又爬了一段，覺得非常累，已經累到爬不動了。他停了下來，然後又往上看看，還是看不見天際。但就在這時，他發現他底下的人已經爬到他的腳踝邊，感覺自己的腳好像已經被人抓住了，他驚嚇不已，趕緊對著下面的人大聲呼喊說：「喂，底下的人啊，不要再爬上來了，否則這條繩子就要斷了！」

他怎麼想都沒有想到，當他這句話一說完，繩子立刻就從他的手上斷了，包括他和底下拉住繩子的人，全都掉回了原來的深淵裡去，再次回到他們所害怕的地獄底層中受苦。

為什麼會這樣？我的看法是：這個人已經忘記他生命中有這兩樣珍貴的禮物，一是天使，另一是生命簿。若是他知道，生前一定不會這樣欺負弱小的人，等遇到報應時，才想到呼叫天神救助。

再者，這故事也說明了一件事：一個人若是沒有培養關心別人的心，只想到自己，這樣的人，就算碰到了拯救自己生命的機會，也不會想要順手救助別人，這種自私的心態只會導致一種結果——最後連自己所有的，也會被奪去。

基督宗教信仰很清楚說出一個道理：人死後都有審判，而審判的天神會依據每個人身上的「生命簿」作為審判的憑據。這表示天神的審判是公正的。就像天神看見這個苦喊求助的人，也是先去查看他的生命簿一樣。

別忘了，對所有我們遇到的人和生命，都要給予尊重，也不要小看我們伸手去做任何一件可以做到的好事，天使會在我們的生命簿上記下我們的一切言行。而終有一天，這些都會成為天神審判的依據。

10 為親人做最後一件美好的事

沒有人可以不死，
也沒有人能夠決定自己的死期。
這是人無法逃避的爭戰，
任他窮凶惡極也逃脫不了。
——傳道書8章8節

台灣人的習俗最不喜歡談到有關「死」的事，認為那是非常禁忌的一件事。這點可以從多數大型醫院和旅館沒有「四」樓這件事看得出來，只因「四」的發音，不論是在台語或華語，都很接近「死」。

然而，死亡，是每個人都要去面對的，沒有任何人能夠避開閃過。因此，怎樣勇敢面對，或是用比較正面實際的態度看生命的死，對活著的生命是比較正確的。

另一方面，台灣人長久以來，因為對死亡的事有許多忌諱，又有不少怪力亂神的事連接在死這件事上，加上一些宗教人士利用這種機會，把原本是生命旅程必經之路的死亡，繪聲繪影地添加令人恐懼的素材，導致民眾往往在親人去世時不知所措，或是因為膽怯而不敢有任何動作，只好聽從那些包攬葬儀工作的江湖術士說詞，花了許多錢財在毫無意義的禮儀上。其實這是非常不好的事。

台語中有一句很有意思的俗語：「在生吃一粒豆，卡好死後祭豬頭。」這句話的意思，是生前的孝順，即使只是簡單的一點點，也比死後那些大排場的祭祀禮儀更有意義。

有正確的宗教信仰，就會幫助我們有足夠的智慧、信心和勇氣來看待死亡的事，在面對親人的離去時，不但不會害怕、恐懼，反而會在處理他們的後事時，心裡有一種溫馨的感覺。特別是當我們的至親去世時，會因為有機會為他們做些有意義的事，而使內心感到安慰。

不論是在教會牧會，或是在醫院當宗教師，我經常會遇到會友或病人去世，要料理後事。這時，我每每會被問到這種問題：「牧師，再來要怎麼辦？」

確實，當親人剛過世時，家屬都難免會陷入悲傷情緒。在幫助這些哀傷的家屬料理親人後事時，我發現有件事確實能夠幫助家屬減低傷痛，就是由家屬自己來為過世親人做最後一件美好的事——親自為親人整理他（她）的身體。

當醫生宣布親人離開了之後，就可以開始整理親人的身體了，一般人大多會請葬儀社來處理，或是請殯儀館的工作人員來做。但我認為，除非是意外死亡而需要經過法醫檢驗，否則，能夠由家裡的親人來進行整理身體和換穿衣服的事，比假他人之手更溫馨、更有意義。但一般醫院的護理人員可能都受到葬儀社的影響，很少人會告訴病人家屬可以這樣做，這是非常可惜的事。

我之所以會這樣建議，是因為當自己失去至親時，這是最好、也是最容易獲得安慰的一種方式。我的母親在台大醫院過世時，我自己便是這樣做；我的父親在高雄聖功醫院彌留之際，我們將他送回弟弟的家，我也是帶兄弟一起為父親擦拭身體和換穿衣服。我在教會牧會期間，每逢有會友去世，我就和我太太去教導會友，並且和他們一起這樣做。

具體的做法是：當醫院醫護人員告知親人的身體狀況不太樂觀時，就要事先準備好要替親人換穿的衣服，並且先把這些衣服帶到醫院病房。當醫生宣布親人的生命結束時，因為親人身體的體溫尚且存在，身體比較柔軟、容易動作，就可以在病房替親人進行這件整理的工作。

首先，要確定親人是否有插管急救（有插管的話，通常病人都是在加護病房；若沒有，那麼送急診時可能也會，有時還會電擊）。這時要特別注意，當醫生宣布死亡時間後，護理人員就會來將身上的各種管子拔除，要記得，這時一定要請護理人員先替親人把鼻孔、咽喉裡的穢物（血）抽出來，抽完之後，最好先用棉花塞入鼻孔，也用紗布塊塞在咽喉，這樣可以防止血水繼續流出來。在醫護人員幫忙處理完這些之後，才把親人身上的衣服卸下來。

這時，先用毛巾沾溫水，從頭擦拭到腳底，接著用乾的毛巾再擦拭一次，然後用乳液從頭到腳底抹一次，這樣親人的身體就會有芬芳的味道。以上完成之後，從內衣褲開始穿起。

一般說法是當人剛去世時，聽覺能力還在。因此，在擦拭身體和穿衣服時，可以一面做，一面對著剛去世的親人說明現在正替他做什麼事。也可播放親人喜歡聽的音樂、歌曲。穿好衣服後，當兒女的人也可以為自己的父母簡單地化妝。家屬可以圍繞在他身邊唱詩歌，也可輪流在親人的耳邊說些想要說的話。最後才請護理站聯絡太平間的工作人員接走遺體。

這樣做，不僅可讓自己和去世親人之間的關係更加緊密，同時也是一種表達感恩的方式。就像我們剛出生時，父母替我們清洗身體、換穿衣服一樣，我們也可以為他們做最後一件美好又溫馨的事。在我的經驗中，我確實發現，當家屬替親人做完這些事後，都會有減輕很多心理負擔的感受，因為他們親手為過世的至親完成生命中最後也是最重要的一件事。

我深信，過世的人若事先得知自己的孩子或至親好友會幫忙處理他的身體，而不是由一個陌生人來觸碰他的身體（特別是女性），一定會感到安慰。我認為這樣做，遠比舉行盛大的告別儀式更有意義。

可是，一般醫院護理人員或是太平間的工作者（幾乎都是由葬儀社承包）都會這樣告訴喪家：「先給親人穿上簡單乾淨的衣服就可以了，另外準備一套比較好的或全新的衣服，改天要入殮之前送到殯儀館，他們會更換。」

其實這樣的做法，是把自己原本有機會對親人可做的最美好的一件事，改由殯儀館的人包攬下來，非常可惜。

也有一種說法是：若是先由家屬換好衣服，等遺體放進殯儀館或醫院太平間，到入殮前兩天（通常是三十六個小時）從冰櫃移送出來時，冰一退，身上的衣服都會濕掉，這樣不好。

其實是可以不用在意這種說法的，因為若親人的身體是要火化，任何宗教的入殮禮儀最多都不會超過兩個小時，而且火化場的爐溫至少超過八百度，連金屬都會熔化，何況是身上那套濕了的衣服。火化之後，只剩下骨頭，更是對親人的身體一點影響也沒有。若是要土葬，也不用擔心，葬儀社或是棺材店的人都會跟著去墓園，因為他們知道棺木要入土之前，必須先在棺木的前或後鑽個孔，好讓裡面的氣體、液體流出來。

我知道佛教界或是民間宗教的人士有一種看法，認為不要翻動剛去世者的身體，八小時內不要搖動。因此，當葬儀社的人來時，就會用床單將過世親人的身體從頭到腳都包住。但是，經過八小時之後，身體已經冰冷了，那時要換穿衣服，若不是很有經驗的人，就很難做到，就算想要替親人做最後這件美事，也不會有機會。

我也遇見過有人這樣問：「當醫生宣布親人已經過世，若是家屬很快為他換上衣服，那換好之後，可能還會有東西繼續排出來，這樣的話，身體豈不是很不乾淨？」其實，這跟過世親人的病況有密切關係。只要不是有什麼特殊狀況，一般來說，若是親人在過世之前已經沒有進食，在去世之後，也不會有什麼東西排出來。就算有，通常一小時內，會排出來的都已經排出來了。

也許，因為宗教信仰不同，對生命的看法和態度也會有所差異吧。怎樣做才最能讓親屬得到安慰，這也是大家都在努力的事。而我總是這樣告訴會友：想想自己有一天走了的時候，最希望誰來替自己擦拭身體、換穿衣服？用這種想法來想自己的至親就對了。

也可以這樣想：若是我們的至親剛離開，他的靈魂生命已經回到天上去了，此時，若他看見自己的孩子、親人在替他擦拭身體，抹上香油，他一定會感到相當安慰。若是和親人之間的關係很不好，那當他的靈魂生命看見我們在為他擦拭身體、換衣服、抹香油時，也會想辦法在陰間或是天堂修復彼此之間的關係。

勇敢面對死亡的事，會幫助我們心中有平安，不會懼怕，因為沒有人能夠逃避死亡來臨。聖經就這樣說過：「沒有人可以不死，也沒有人能夠決定自己的死期。這是人無法逃避的爭戰，任他窮凶惡極也逃脫不了。」（傳道書8:8）

有正確的生命態度，就不會陷入對死亡的恐懼中，而這也是我一再強調的，要從建構正確的信仰態度開始。當我們對親人的死亡不再有不安和害怕，親手為親人做最後一件美好的事，將會深刻地撫慰我們，將親人離世所帶來的冰冷與哀痛，化為溫馨與安慰。

11　一群無人知曉的英雄

那愛惜自己生命的，要喪失生命；
願意犧牲自己在這世上的生命的，
反而要保存這生命到永生。
——約翰福音12節25節

大家若是有注意曾經發生在我們周遭的事，一定會記得二〇〇三年所發生的一件震撼全世界醫療界的大事，那就是SARS疫情的事件。在當時，SARS來勢洶洶，人人談之色變，不僅很多人受到感染而亡，照顧病人的醫護人員也難以倖免。即使是十幾年後的現在，只要回想起那時的可怕情況，大家仍然記憶猶新。

在SARS事件期間，有一間醫學院接連收到許多家長寫的信，且都是用雙掛號、掛號，甚至是存證信函的方式寄到學校去，要求學校絕對不可以讓他們的孩子到附設醫院去實習，否則，若是他們的孩子感染了SARS，一定要學校負責到底。

學校因為收到太多這樣的信，於是發布命令給所有學生，在SARS這段期間若沒有家長同意書，一律不可以到附設醫院去實習。學校也同時通知醫院的警衛，要求警衛加強執行這項命令。

有一位醫學院六年級的女生接到學校這項命令，非常生氣，跟班上同學一起討論，大家都不知道該怎麼辦。這位女學生說她一定要去醫院，若「闖關」成功，會發簡訊通知大家。

她穿上實習生的衣服到醫院去，果然被警衛阻擋下來，堅持不讓她進去。這位女學生很生氣地告訴警衛說：「我已經二十六歲了，憲法說我二十歲就是公民，我若是選好要結婚的對象，也可以不經過父母同意就結婚，為什麼這項實習卻需要父母的同意？何況我來讀醫學院就是要學習怎樣救人的，現在發生了這種需要救治的工作，為什麼還要父母的同意才可以？真奇怪！有問題我自己負責！」

說完，這位女學生逕自進去醫院，留下那位警衛很無奈地記下她的名字和發生經過。而這位女學生一過關，馬上發簡訊給班上同學，學生們陸續趕到醫院。他們講的理由都和闖關成功的女學生相同，警衛只好逐一登記每個實習生的名字。這群實習生的勇氣與精神，真的令人非常感動。

最早發現SARS病毒的，是義大利籍的卡羅．歐巴尼醫師（Dr. Carlo Urbani），當年他一發現，就立刻透過「世界衛生組織」向全球發出警訊，並奮不顧身地在第一線救治病人，全力協助防堵疫情擴散，但他也因此遭到感染，過世時年僅四十七歲。

他是犧牲了，卻因此救了全世界，這樣的精神，很像耶穌所說的：「一粒麥子不落在地裡，死了，仍就是一粒；如果死了，就結出許多子粒來。那愛惜自己生命的，要喪失生命；願意犧牲自己在這世上的生命的，反而要保存這生命到永生。」（約翰福音12:24-25）

台灣的SARS疫情爆發之後，曾經陷入一片混亂、人人自危的情況。擔任抗SARS指揮中心辦公室主任的郭旭崧博士就說過：「疫情當頭，由於恐慌，出現許多荒謬的情況，甚至有些縣市不願載著SARS病人的救護車經過，還有民代出來阻擋，更別說是要送到其他縣市的醫院，真是困難重重。最根本的原因就是『害怕』，大家都怕染上SARS，因此推來推去，忘了大家都是台灣人、一家人。」

然而，在SARS流行期間，並不是所有人都因為害怕與恐慌而縮頭不前，台灣也有許多擁有「大無畏精神」的醫護人員，前面提到的那群實習生就是其中之一。在SARS疫情非常緊急的時候，政府招募第一線的醫護員前往「SARS專責醫院」（台北松山國軍醫院）支援，醫界的重要人物也大力徵求醫護志願軍。

當時，馬偕醫院淡水分院的呂桂雲護理師立即響應了號召，那年她才三十歲出頭。她到了松山醫院門口才告訴母親自己要入院參與救治SARS病人，因為她怕事先講了，母親會反對，但她的心意非常堅定，知道這是自己當醫護人員的使命。

當呂桂雲護理師跟母親說這件事時，她母親感到非常震驚，卻發現女兒沒有絲毫的不安與恐懼，這讓她母親更感到不解。

母親問：「是不是醫院逼妳去的？」

她回答：「沒有啊，我自己要進去的。」

母親說：「我怎麼會生出妳這麼笨的女兒！」

有記者問她：「妳不怕嗎？為什麼願意進去一間全部都是SARS病人的醫院裡？」她只淡淡地說：「我們國家發生這麼大的事，就是需要有人去做。我自己是單身，但很多同事他們都是有家庭的，他們未必不想去，但若真的發生什麼意外，總是牽掛比較多。我的話，一個人，若是真的被感染，只要自我隔離管理就好。」

呂桂雲護理師自願讓「單身」成為自己揹負「使命」的理由。在救治SARS病人的日子裡，最令她擔憂與不捨的，不是自己的安危與性命，而是病人身心上的雙重痛苦。病人不是只有身體上的痛苦，更悲慘的是心靈上的煎熬。她說，病人們夜裡一聽到救護車的聲音，就惶恐不安，擔心是不是又有人死掉了，因而情緒崩潰，痛苦哭喊。那種充滿絕望的情景，至今回想起來，呂桂雲護理師仍會忍不住一陣酸楚。

曾任衛生署副署長、出面呼求醫護志願軍的黃富源醫師很感恩地說：「包括呂桂雲護理師在內的百名熱血醫護人員，他們都未曾在任何媒體被報導過，但卻是真正的『抗SARS英雄』，他們是台灣在抗SARS的戰役中，得以『逆轉勝』的真正戰將。」黃富源醫師強調：「這些人，可能沒有人記得他們的名字，但他們勇敢的面孔，我不會忘記。」

我們都知道，真正穩定台灣社會或推動國家持續向前的，向來都是如同呂桂雲護理師這樣的工作者，在台灣社會的各個角落中，他們以非常堅定、溫柔的態度，以及身上擁有的專業能力，在每個時刻克盡自己的職責與良知，傾全力地用他們那雙無名的手，穩住台灣的社會不至於陷入混亂，安定了我們大家的心。

他們這樣的無私與勇氣，是我們永遠都應該效法的典範。

PART.2

給孩子的贈禮

12 在前段班與後段班之間

要跟喜樂的人同喜樂，跟哭泣的人同哭泣。
無論對甚麼人，要同心彼此關懷。
不要心驕氣傲，倒要俯就卑微；
也不要自以為聰明。
——羅馬書12章15-16節

我曾看過一本很好的書，書名叫《耶穌在哈佛的26堂課》。這本書的作者是哈佛大學的教授哈維．考克斯（Harvey Cox），在該書的前言中，有一段話讓我印象非常深刻，也讓我多次省思。

考克斯教授提到，哈佛大學會邀請他去開課的一個重要原因，就是像該校教職員告訴他的：

哈佛不能再忽視這股日益嚴重的窘境：我們為何越來越常聽到內線交易、司法黑幕、醫生注重利潤甚於病患、科學家捏造資料的事情？更糟的事，為何某些元凶還是哈佛校友？為何這麼多受過良好教育的人做出壞事？我們灌輸給學生的教育是否少了什麼？

這段話說白了，就是學生有充分的知識，卻

對別人痛苦的生命沒有憐憫的心。這是因為教育中欠缺了宗教素材，才會發生這樣的事。有好的宗教教育當素材，就會幫人重新思考一個基本問題：到底生命的核心價值是什麼？

這也是我們教育的問題所在：到底我們要教學生建構怎樣的生命核心價值？我對教育現況有一個感想，就是我們常常把知識教育（特別是科技教育）當作最重要的部分，卻忘記了若沒有好的宗教心靈在人的生命裡，這些科技或是充分的知識常被人拿來當作欺騙的工具，這樣就非常可惜，也不會是我們教育的目的。

在過去，我們的教育把學生分成所謂「前段班」跟「後段班」，更早的時候，甚至把班級名稱諷地叫成「升學班」和「放牛班」。這樣的結果，就是社會在無形中「分裂」得越來越大，二者之間彼此的互動也越來越疏遠，這是造成社會問題更加嚴重的主因。

這使我想起一則自己的經歷：

有一次，嘉義國中輔導室的陳俊吉主任邀請我去為學生演講。當時嘉義國中全校都是女生。陳主任特別提醒我，說要聽我演講的對象都是「後段班」的學生，因此，若是我演講時學生比較吵鬧，希望我能夠體諒。我說：「我知道，請放心就是。」

於是，一個禮拜六上午，我騎著腳踏車去該校演講。

果然，當我進入禮堂時，大約聚集了近四百個女生，吵雜的講話聲此起彼落，簡直就像菜市場一樣。大家一看見我穿著牧師服裝進入禮堂，就大叫「耶穌來囉」、「阿們」等這樣嘲諷的話。老師都在學生旁邊一直比著手勢，希望學生們不要講話太大聲，或是要她們安靜下來，但學生顯然不理會老師。

禮貌上就是先由校長介紹我給大家認識，學生熱烈鼓掌，也大聲呼叫，這還是我第一次親眼看到全都是女生（而且是被看成「後段班」學生）的學校生態。被她們這樣熱烈地拍手叫「耶穌，我愛你」，還真的有點受寵若驚。

演講一開始，我就說：「我以前也是後段班的學生。」沒想到這句話一出來，竟然壓住了紛鬧的會場，吵鬧的聲音開始降低下來。

接著，我逐漸描述我以前在後段班讀書的情景，包括有：上課睡覺、考試作弊、同學打架、「泡妞或釣馬子」（意思是指找女朋友）的情形，她們聽了全都安靜下來，我看到站在兩側的老師們都開始微笑，並露出有點訝異的表情，我想他們大概無法相信牧師也會是後段班的學生，也會有這種後段班學生常見的行為吧。

說完這些之後，我告訴她們，學校的課業只要能通過就好，可以利用其他時間多讀些有意思的書，我說這些書的重要性絕對不輸給教科書。於是我開了張書單給學生，告訴她們這些書寫了怎樣的故事。其實這些書都是著名的小說，我告訴她們，讀這些小說，對她們一定很有幫助，至少在生命的看法上會有所不同。

到了結尾時，我提到那時「世界展望會」正好在嘉義市公園推動「飢餓三十」活動。我對學生說：「有誰知道這個活動的，舉手！」結果很多人紛紛舉起手來，也有人大聲喊說：「我有去參加喔！」

我告訴學生，只要每個同學捐出十塊錢，就可以讓非洲那些飢餓的小孩延長生命，多活一個禮拜。我請大家一起來接力救助這些非洲貧困飢餓的小孩，看我們可以延長一個小孩的生命多久。

我真的沒有想到，我演講完後，學生用非常熱烈的掌聲回覆我，她們不斷拍著手，而且拍了很久。然後我走下台，騎著腳踏車離開。

離開校門不久，校長騎著機車追上了我，跟我說：「盧牧師，是不是可以請您再回來學校，因為前段班的同學問說為什麼她們不能聽？她們不要上課，也要聽。請您再講一次，就講剛才講的內容，拜託。」就這樣，我又轉回學校去。

當我進入禮堂時，果然，氣氛完全不同。前段班的學生和後段班的學生很不一樣，大家都安安靜靜地坐在椅子上，有幾位學生拿著書本在閱讀，而班級導師則是聚集在一起，輕聲地彼此交談。

校長上台介紹我給同學認識，說我就是剛才對後段班同學演講的牧師，既然大家說要聽，就用熱烈的掌聲來歡迎。

我是個前段班和後段班都讀過的人，所以我一上台，就用了跟剛才差不多的開場白：「我以前也是前段班的學生。」但這一次，學生並沒有多少反應。

我接著說：「可是我們以前聽演講，不會帶書本來看，而是會專心聽，因為有人來演講，表示那是課本以外的內容，應該會增添許多知識。」有幾位原本低頭看書的同學，聽到我這樣說就抬頭看向我，也有人默默把手中的書本收了起來。

我告訴她們，過去我在前段班時，我和同學們是怎樣讀書、做筆記……等等，然後我話鋒一轉，說：「其實，學校的課業，只要能通過就好，因為很多都是讀了以後不會用到，甚至是根本用不到的東西……」當我講到這裡時，突然發現老師們不再聚集在一起低聲說話了，而是紛紛露出驚訝的眼神，專注地看著我。同學們也是一副驚訝的表情。

我繼續跟同學說，讀書，就要讀好書，我另外列出一張書單，告訴她們看這些書所得到的東西比看那些教科書好多了，也才不會浪費我們青春的生命，這對我們以後遇到事情、要思考問題時，一定有所幫助。

接著，我同樣問學生，是否知道「世界展望會」正在嘉義舉辦「飢餓三十」的活動？結果只有八個學生表示知道，但沒有任何學生去參加。我把在後段班講的話重複敘述一次，希望同學們能捐助非洲苦難的小孩。

說完，我也是在學生的掌聲中走下台，然後準備騎腳踏車回家。當我去牽車的時候，突然有個學生跑出來對我說：「牧師，我今天回去就偷拿爸爸的錢，明天拿來捐。」我嚇了一跳，趕緊對這位學生說：「千萬不能用偷的，你可以跟爸媽說你要幫助非洲飢餓小孩的事。」

學生說：「不，說了也沒有用，偷的比較快，而且爸媽也不知道我偷錢。我知道他們把錢放哪裡。我只是告訴你我會捐啦！」說完就跑進了教室，讓我一臉茫然，有點不知所措地站在那裡。

隔兩個禮拜後，學校輔導室的陳主任打電話給我，說：「盧牧師，我們感到相當奇怪，短短兩個禮拜，後段班學生不到四百個，已經捐出了一萬八千多元，但前段班學生有四百二十多個，卻只有捐出八百多元。怎麼落差會這樣大？」

我跟陳主任說：

這很正常，因為我們的教育是在教競爭，並不是在教分享和愛。因為有競爭，所以一定要打敗對手，甚至還會不擇手段，只為了要贏過競爭的對手，不會去注意別人的困境，否則就會輸了。但若是有分享，就會有愛，而有愛的地方，就會知道要對苦難的生命生出憐憫的心。

這些後段班的學生，因為自己被前段班學生瞧不起，也被老師當作「麻煩」，甚至是被放棄不管。因此，她們心中有一股說不出且帶有怨恨的心境。但現在聽到有人比她們活在更悲慘的環境中，她們善良的心靈就生出一股憐憫的心，就好像我們常聽到的「同病相憐」的心境，就決定出錢幫助。

我想起耶穌曾說過這樣的話：「以仁慈待人的人多麼有福啊；上帝也要以仁慈帶他們！」（馬太福音5:7）〈箴言〉也有這樣的兩段話：「濟助窮人等於借錢給上主；他的善行，上主要償還。」（19:17）「慷慨把食物分給窮人的，必然蒙福。」（22:9）

我們常說要「教改」，其實，真正好的教育，不一定要靠制度改革，而是培養我們的孩子對生命有憐憫的心。有這樣的心境，會幫助社會增添和諧的力量，也會使我們彼此之間減少仇恨。更重要的是，有好的宗教素材在教育裡，孩子的誠實、憐憫之心就會在生命裡生根、茁壯。

13　阿嬤，妳自摸！

教導兒童走正路，
他自幼到老終生不忘。
——箴言19章18節

每個禮拜三和五的上午，我都會搭公車去教會帶領查經班。在路上，我經常遇到父母帶著稚齡的孩子去上美語班，有的幼兒看起來只有兩、三歲，但已經開始在幼兒園學美語。

我不知道這樣做的意義在哪裡，但我知道有些小學從一年級就開始教美語，且有聘請專門教美語的老師。我也發現有些幼兒園時沒上過美語班的小朋友，會被教美語的老師遺忘、疏忽，因為這些小朋友聽不懂老師在說什麼，因此對上課的內容興趣缺缺。這種問題會出現，是我們當家長的對教育的認知出問題，而不是小孩，小孩是無辜的。

我以前在台東關山教會創辦托兒所，就非常強調絕對不教幼稚園年紀的小孩學「ㄅㄆㄇㄈ」，也不教他們寫字。我常告訴孩子的家長：小孩子的國語發音，要受過專業訓練的國小老師來教才好，不用急，進了小學，老師自然會教。有些家長也會關心為什麼不教小孩子寫字，他們擔心等小孩進入小學時再學就太晚了。面對這些擔憂，我總是這樣告訴這些家長：我們要寫一輩子的字，甚至到死之前還要寫遺書，不必急著現在就學寫字。其實，才兩三歲的小孩，就要他拿筆寫字，那是很不正確的觀念。

過去經常看到一則廣告說：「不要讓你的孩子輸在起跑點上。」看起來很有吸引力，但我常會告訴家長：這種廣告很聰明，就是抓住家長怕孩子輸給別人的心，使父母一看見這則廣告，心裡馬上就相信了這種說詞。

教育是一輩子的事，不是一百公尺賽跑，要知道教育是像跑馬拉松一樣，要長遠看待。長期關心失能家庭孩子的教育、台東「建和書屋」創辦人陳俊朗先生曾經說過：「教導孩子是在跑馬拉松，是一生的日子，不是短期時間的事。」確實是這樣沒錯。我們不是都聽過這句話：「活到老，學到老。」怎會擔心輸在起跑點上呢？很多人豈不是贏在起跑點上，結果卻輸在終點上，不是嗎？

我曾去奧地利、澳洲等國家訪問、演講過，那裡的孩子去國小上學，書包裡裝的並不是書，而是水壺、吃的東西，和一兩本薄薄的書而已。在澳洲，因為白天太陽很大，因此，都是早上第一節課就上體育課，以免接近中午時陽光太熱。中午吃過午餐之後，下午三點左右就放學回家。但我們的孩子還要去補習。就像公東高工創辦人錫質平神父所說的，他真的不了解為什麼要補習？為什麼一定要上大學？目的在哪裡？意義是什麼？

我想起日本有一位名叫宮崎亮的醫師，他畢業於日本北海道大學醫學院，在法國和德國留學，他回國後，就申請自願到非洲的奈及利亞去投入醫療服務的工作。才去一年，就因為肺炎而被送回日本治療。他回到日本停留了三年，在這段時間裡結婚生子，並回到母校再度進修。

當孩子大約兩歲時，他準備好再次攜家帶眷去非洲奈及利亞。這次，他自己的父母、岳父母和親朋好友全都反對，但他還是堅持要去。他的父母對他說：「你不考慮自己，也該考慮到你的孩子以後讀書怎麼辦？」宮崎亮醫師回答說：「父母的生活行為若是正確，孩子的教育已經完成一半，其他的已經不是最重要的了。」

就這樣，宮崎亮帶著妻兒到非洲奈及利亞去，在那裡待了長達十八年時間，一直到孩子要讀大學時，才回到日本。

宮崎亮醫師的話，讓我想起以前牧會的一則經驗。

有一個在農村長大、很有才華的女孩，到台北讀書，畢業後就留在台北工作。她打拼數年，事業小有成就，也非常忙碌。她後來在台北結婚並生下一個兒子，便跟母親商量，將自己剛滿月的兒子帶回鄉下讓母親照顧，然後她每個月匯兩萬元給母親當作「褓母費」。

每個月兩萬元可說是相當大的一筆費用，在一九七〇年代的當時，一般的褓母費才四千元而已。母親非常高興，既可幫忙女兒養孫子，又有褓母費可收，原來的田園還可放租，真是一舉數得。就這樣，女兒在台北買了小孩所有需要的用品，帶著小嬰兒回鄉下去。

回到鄉下，當阿嬤的每天抱著孫子，小心翼翼地照顧，餵奶、洗澡、換尿布等等，雖然很忙，對她來說卻是一點也不覺得累。

剛開始，女兒每兩個禮拜會回去探望一次，後來看見媽媽把孩子顧得非常好，就變成一個月去探望一次，再後來，因為她的事業越做越大，漸漸地就改成兩個月、甚至是更長的時間才回去看兒子一次。

這個阿嬤每天揹著孫子到處走，村裡的人都稱讚她很好命，不用忙田裡的事，只要做照顧孫子這種「輕鬆」的事就好，女兒給的錢又多到令鄉下人羡慕不已。

村裡有個小小火車站，旅客不多，所以車站的候車室就成了村民三三兩兩聚在一起聊天的地方，也常有村民聚在這裡玩撲克牌。

起先，這個阿嬤都會揹著孫子過去看看。漸漸地，在她多走幾趟後，那些聚在一起玩「撿紅點」的村民就招呼她一起玩，輸贏的錢並不大，有時小輸一些也不會有什麼感覺。就這樣，她每天都很快樂地過著養孫子的生活，不是抱著孫子看電視，就是揹著孫子到村裡去串門子，再去火車站和大家一起玩撲克牌。她玩「撿紅點」玩得越來越起勁，幾乎每天都揹著孫子到火車站報到。

後來，有鄰居跟她說玩「撿紅點」的程度比較低，邀她打麻將。她開始學，越玩越是喜歡。於是，她不再去火車站了，改到鄰居的家裡打麻將。

從孫子大約四個月大時，她就開始揹著孫子去火車站玩「撿紅點」。到孫子長到七個月大時，就換成揹著孫子去打麻將。除了女兒回來看孩子的日子外，她幾乎每天都去打麻將，沒有缺席過。

日子漸漸過，孫子也跟著漸漸長大。孫子已經學會了走路，也學會了講話，這個阿嬤感到很有成就感。

其實，小孫子滿一歲時，就已經開始學走路了，但阿嬤每次去打麻將，還是將孫子揹在背後，因為怕孫子亂跑，會不安全。而孫子也知道只要阿嬤替他包上尿布，要揹他出門時，就是要去打麻將。現在孫子已經快三歲了，阿嬤還是一樣，每次要去打麻將，就是包尿布，然後帶一支泡好奶粉的奶瓶給他拿著，也會塞餅乾、糖果給他。

孫子幾乎天天在阿嬤背後看著阿嬤打麻將，聽這些大人一面打麻將一面講話。累了，就睡在阿嬤的背上；餓了，只要一哭，阿嬤就會趕緊塞糖果餅乾給他，而孫子也已經習慣阿嬤這樣對他。

有一天，當阿嬤伸手摸了一張牌子，正在對看其他的麻將牌子時，突然有個稚嫩的聲音說：「阿嬤，妳自摸！」原來是孫子在阿嬤背後說的。在場的牌友聽到後，都豎起拇指稱讚說：「喔，這小孩很天才喔，有夠天才！」

但這個阿嬤的反應可不是這樣，她是驚嚇到極點，趕緊離開牌桌，表示以後不會再玩了，然後就匆忙地揹著孫子來找我。

因為她突然發現，孫子不但在她背上學會了打麻將，也學會了所有牌桌上的語言。因此，她內心突然有了很重的罪惡感，認為自己是在作孽，並請求我為她祈禱，祈求上帝寬恕赦免她的罪。然後她問我，這要怎麼辦才好？我告訴她趕緊帶孫子去台北，把孫子還給女兒，且一定要據實、一五一十地把整個養育孫子的情形告訴她的女兒，絕對不可以有任何隱瞞。

我常說，子女都是從父母的行為中學習的。千萬不要以為孩子小，什麼都不懂。他們是看在眼裡，想在心裡，只是沒有說出來而已，等到他們說出來時，都已經為時太晚。請記得宮崎亮醫師的這番話：「父母的行為若是正確，孩子的教育已經完成一半，其他的已經不是最重要的了。」

聖經中有這樣的話說：「賢慧的女子建立家室；愚蠢的女人拆毀家室。」（箴言14:1）「教導兒童走正路，他自幼到老終生不忘。」（箴言19:18）

希望這些聖經的經文對大家在建構家庭或教導兒女時，能夠有所幫助。

14 猶太人教育成功的秘密

要追求知識；要尋求領悟。
要像尋求銀子一樣熱心，像搜索寶藏一樣認真。
這樣，你就會領悟甚麼是敬畏上主，
明白甚麼是認識上帝。
——箴言2章3-5節

大家都知道猶太人對教育非常有一套。若說到以色列人民的教育，他們最重視的，就是認識歷史的重要性，他們的教育也是從這裡著手，讓代代子孫都知道他們為什麼一定要在巴勒斯坦建立一個獨立的國家。

在他們的家庭教育中，母親扮演著非常重要的角色。他們的小孩，在八歲以前就必須先學會背誦〈出埃及記〉（出谷紀），這是一本以色列人認為最基本的歷史之書；然後在十歲以前要學會背誦〈申命記〉，這是一本法律之書。而這些教授經典的工作，不是在學校，而是從家庭開始。

這本〈出埃及記〉有兩個主要的思想：首先，是明白他們的祖先為什麼要離開埃及。因為埃及人把他們祖先當作奴隸看待，因此，出埃及就是要離開當奴隸之地，尋求生命的自由。

再來，是培養出真實的信仰。在離開埃及、進入曠野流浪的四十年間，他們深深地體會到一件非常重要的事：若是沒有真實的信仰，他們必定無法脫離曠野流浪的日子，若不是餓死，就是被惡劣的環境給消滅。在缺乏食物和水的曠野裡，只有真實的信仰才是生命的倚靠。

若是我們有機會去閱讀舊約聖經的〈出埃及記〉，就會發現裡面記載了很多反面的經驗：以色列人民的祖先怎樣背叛信仰、他們在曠野流浪期間遇到的困境（包括沒有水喝、沒食物可吃），以及他們怎樣跟曠野的原住民族打仗失敗……等等，他們將這些事情一五一十地記錄下來，主要用意就是要讓後代的子孫清楚知道：祖先哪些地方失敗了，後來的人不可以重蹈覆轍錯誤的歷史經驗。

也因為以色列這一代的小孩都會背誦〈出埃及記〉，因此，新兵入伍的第一件事，就是由「拉比」（也就是我們所說的「老師」）帶領他們去巡訪〈出埃及記〉所描述的每個地方，每停留一站，拉比就會讓新兵知道，他們的祖先在哪裡打敗仗，在哪裡發生傳染病、死了多少人，在哪裡因為背叛對信仰的忠實，導致上帝嚴厲的懲罰。

這種教導方式，培養出無比堅定的信念，以色列從宣佈獨立建國以來，一直面臨著四周阿拉伯世界的敵視，但他們絲毫不害怕，因為他們對土地有強烈的認同感，這是從歷史教育中得到的。

這跟我們過去長久以來學校所教的東西完全不同。我們的教育甚少關心台灣這塊土地的歷史，而且真實的歷史少之又少，反而是錯誤、虛假的歷史甚多。這使我們的孩子對自己的土地欠缺認同感，所以糟蹋這塊土地也不會心疼，亂倒垃圾及廢土、污水亂排放的事件一再發生，使原本極為美麗的土地，變成一片狼藉。

此外，以色列人民清楚地知道，有忠實的信仰態度，才會明白人類的有限和軟弱。因為有真實的宗教信仰，他們就會知道，無論做什麼事，都有神明在看——也就是台灣人很熟悉的一句話：「舉頭三尺有神明。」

從以色列人民建國之後的教育來看，可以發現在他們的教育中，有兩項主軸思想：一個是真實的歷史教育，只有這種教育，才會培養出後代子孫對所生存的環境、土地有明確的認同感。這表示：若沒有真實的歷史教育，就無法培養出對養育自己長大的土地、親友的生命感情。

另一個是有好的宗教教育，才能培養出真實的心靈。這一點，有去過以色列旅遊，到猶太人會堂或是「哭牆」附近走一圈的人，都看得出來。將近兩千年來，以色列人並沒有因為阿拉伯人虎視眈眈在旁，就失去信心，他們也清楚知道真實的宗教心是從誠實的基礎做起。

以色列這個國家在一九四八年宣佈獨立建國，迄今，他們全國男女皆兵。他們最為誇耀的一段話，就是「我們沒有拿槍殺過自己的人，因為槍，是用來打敵人的」。一九六七年六月，他們用三萬常備軍，打敗了有一百萬之多的阿拉伯聯軍，其中的關鍵，說穿了只有一點：對土地的強烈認同感。

好的教育，是建造一個國家的基礎；好的教育，也遠勝過任何先進武器，這點可以從許多國家的例子看出來。但要有好的教育，就必須有正確的歷史，像吳鳳的故事這種不實在的錯誤素材，就要將之消除。

好的教育也需要有真誠的宗教素材，才能導正錯誤的念頭，使之不再出現。因為真誠的宗教信仰，可以培養人面對神的審判的正確態度——不論我們做什麼，神都在看，而且看得非常清楚。

15 想逃票的牧師

你們說話，是，就說是，
不是，就說不是；
在多說便是出於那邪惡者。
——馬太福音5章37節

到過北歐或是瑞士、奧地利等國旅遊或訪問的人，若是有搭乘公車的經驗，都會知道一件事：自己買車票上車，沒有人會去問你是否有買票，也不會有司機注意你是否有刷卡、投錢幣這種事。

特別是在瑞士，公車司機是不可以跟乘客講話的，他需要專心開車。每部車子的車廂都有兩個門，門邊有兩個按鈕，一個是一般按鈕，只要車子停靠好了，要上車的民眾就自己按門邊的開關，車門會自動打開。另外一個按鈕，是專門為身體有殘缺、搭乘輪椅或持枴杖的人用的，那個按鈕一按下去，踏板就會自動降下來，坐輪椅的人或是用枴杖的人可以很自在地上車，不需要任何人幫忙。

他們的公車票很清楚，單程票上會記載買票

時間是幾點幾分，每張單程票使用時間是兩個小時，時效一過就不能再用，但在兩小時內，無論怎樣換車都可以。若是買一天、一個禮拜的票也是如此，在規定的時間內，都可以任意更換路線搭車，不用再次買票。

我這個牧師實在軟弱，看到這種做法，我心裡第一個想到的竟然是：既然沒有人驗票、查票，為什麼要買票？

話說一九八〇年四月，我接受瑞士天主教白冷會的邀請，去瑞士進行兩個禮拜的訪問。他們派了一位神父接待我，帶我到處參訪。這位神父每天帶我搭公車，他告訴我怎麼買票以及車票的使用方法，他也告訴我，買好票就要排隊，大家都很有秩序地主動排隊。神父也特別提醒我，萬一買好票時，看見有人站在站牌邊，但沒有排成一行的隊伍時，要注意自己是第幾個來等車的，車子來時，不可以搶先上車，這是對別人的尊重和禮貌。

神父會這樣仔細跟我講解，是因為第五天他沒辦法帶我，而是要我自己搭公車去跟另一位神父會合。

於是到第五天時，他開車載我到公車站後就離開了。我在等公車時，一直在想這個問題：「是不是要買票？」在那年代，瑞士一張公車票相當於台幣二十二元，而那時候台灣的便當一個才十五元，我認為這公車票真的有夠貴。

第一個問題浮現在腦海裡之後，我繼續想：「既然司機也不看票，票也是我自己買，而且是自己按鈕上車、下車，那好像不買票也沒差。」可是，心裡同時有另一個聲音出現：「應該要買票。」

在想要不要買票的時候，我已經看見有一班公車來了。乘客上車之後，車子又開走了，只剩下我一個人還在等候。

我還沒有買票，心中一直在想這件事，要搭公車的人陸續來了。我還在想著要不要買車票這件事。就在這時候，公車又來了，因為我還沒有買票，因此不敢上車，後面的人看見我站著不動，就主動來問我，用簡單的英文問我要到哪裡去。

我很感謝他的好意，只是不敢說我還在想要不要買票，只好趕緊退到旁邊，請後面的人上車。不久之後，又剩下我一個人。

就在這時，我做了一個決定：不要買車票。

約過了二十分鐘，公車來了，我第一個上車。但我怎麼也沒有想到，一上車我就發現我手扶著的柱子上竟然有一張公告，寫著「警告」，且是用四種不同的語言寫的，主要是說：「若是沒有買票，被發現時，將要罰一百倍。」我看到嚇了一跳，趕緊在車子還沒有開動時，就跳下車來。

直到現在我都感到相當奇怪，過去的四天我和神父一起搭公車時，怎麼都沒有看見這種告示，偏偏我自己一個人搭乘的時候就發現？太奇怪了！

車子開走後，我去買了一張票。此時，從我思考要不要買車票到真的買車票，已經耗費了一個小時的時間。當我到達預定要去的地點時，看見一位神父正在車站等候著。我看見就上前打招呼，他很高興地說：「我還以為你搭錯車了呢。」

我很有罪惡感地向他告白了上述的事。神父聽了之後笑著說：「盧牧師，還好，你終於買了車票，若是沒有買，罰一百倍是小事，恐怕明天瑞士所有報紙都會用頭版刊登一則新聞，說有一位來自台灣的牧師，搭公車沒有買票。」聽了之後，我羞愧到極點，感覺自己當牧師還這樣不誠實，真是太羞恥了！

這就是歐洲，特別是北歐、瑞士、奧地利等國家的文化和生活教育。

另外有一次，在一九九三年七月，我受邀去維也納的「歐洲台灣人同鄉會」演講，我說出自己這段令人慚愧的經歷，同鄉會的兄姊聽了後，幾乎都是哈哈大笑，我感到奇怪，他們當中有人站起來跟我說：「盧牧師，我們來這裡半年後，才學會這種『誠實』的事。剛來的時候，我們也是這樣，可以不買票，就不要買。」

當我演講結束後，有一位姊妹來找我，她說自己是南部人，並向我告白她有一段更醜陋的經歷。

這位姊妹跟先生帶著孩子移民到奧地利，在一個小鎮開餐廳，生意非常好，鎮長以及鎮民代表們經常到餐廳來用餐，也常在餐廳宴請客人。

有一天，鎮長包下了整個餐廳，要宴請四十個賓客用餐。因此，這位姊妹一大早就搭乘火車到維也納市區來採購。因為時間很趕，她買好食材之後，就趕緊帶著兩大籃子趕到中央車站，準備要回小鎮去。由於趕著回家，她一到車站看見一部火車正要出發，就把兩大籃子往車上拋，然後自己趕緊上車，心想今天的菜一定要讓鎮長滿意才可以。

但當車子開出車站，聽到車長廣播時，她才發現自己搭錯車，她搭上國際線的特快車了，不會經過她家的小鎮，而是會開到匈牙利的邊界才停。她整個人都傻了，不知道該怎麼辦才好。她知道即使到了邊界再換車回來，也已經來不及準備鎮長要宴客的菜餚了。於是，她在車上哭了起來。

車廂內的乘客看見她在哭，紛紛過來關心，問她有什麼問題或困難。她告訴乘客說：「我家住在某某小鎮，趕著要回家，卻沒有注意到搭錯了車子。家裡還有兩個稚齡的孩子，一個剛好十二歲，另一個才四歲。我先生在台灣，我那個四歲的小女孩需要我親自沖泡牛奶給她，十二歲的兒子並不會弄。我不知道該怎麼辦……」

說完她又哭了起來。其實，她講這些都是騙人的話，因為她的兩個兒子分別在讀大學和高中，先生在餐廳廚房準備煮飯。

但整個車廂的乘客聽到她這樣說，紛紛議論了起來，大家都在討論怎樣幫助這位姊妹。有人去請列車長過來，將這位姊妹的困境告訴列車長，列車長聽了之後，帶著微笑安慰她，說他會想辦法。

整個車廂的人都分別來安慰這位姊妹，要她不用擔心。果然，大約在十分鐘後，列車長要她趕緊將東西帶著，火車駕駛員會在前面一個小站臨時停車，讓她下車。同時也通知對面有班即將進站的快速列車也暫停下來，讓她回到維也納換車，這兩班列車本來都不應該在這個小站暫停的，但為了她都已經聯絡好了。

此時，車廂裡的乘客都鼓掌歡呼，也一起稱讚這位列車長很棒、很有愛心。就這樣，列車長親自幫忙這位姊妹提著她採購的食材，帶她走到對面月台，搭上回去的快速列車，之後才回到自己原本的車班。

這位姊妹說到這裡，眼眶紅了起來，她跟我說：「牧師，這是我移民到奧地利之後，感到最羞恥的一件事，也讓我終生難忘。這件事教導我，往後一生的日子，絕對不可以再有撒謊的行為和言語。」她說：「上帝用這種方式教導我，也是懲罰我，讓我一生都感覺羞愧。」

一次不誠實，會使人終生受罰，這也是我每當聽到「瑞士」這名稱，就會感到羞愧之因。

我想起耶穌所說的這段話：「你們說話，是，就說是，不是，就說不是；在多說便是出於那邪惡者。」（馬太福音5:37）聖經〈箴言〉裡說，上帝最厭惡且不能容忍的事有七項：傲慢的眼睛、撒謊的舌頭、殺害無辜的手、策劃陰謀的心、奔走邪路的腿、編造假證、在朋友間挑撥是非（6:16-19）。

若是注意看，就會發現上述這七項都和「誠實」有密切關係。

我們可以這樣了解：一個國家是否穩定、和諧，人民是否過著幸福快樂的日子，跟這個國家是否教育民眾誠實有密切關係。若是人們不誠實、充滿欺騙，無論賺了多少錢，所要付出的代價，一定會比所賺到的更多。

在這種情況下，人們也無法快樂過生活，因為不知道誰是可信任而不使自己受到欺騙，在這樣的環境中生活是很痛苦的，不是嗎？

16 青年們，要胸懷大志！

你要把這些事指示他們，教導他們。
——提摩太前書4章11節

常有人去日本北海道遊玩，可惜的是甚少有人知道可以去參訪北海道大學的校園。走一圈校園，一定會感受到很不一樣的氣氛，特別是校園內有一座銅像，那是值得我們認識和紀念的人——創校者克拉克牧師。

當時，日本明治政府為了讓北海道的人民也可以有一所與東京帝國大學（今天的東京大學）相媲美的大學，好讓北海道的人民不被認為是「化外之民」，明治天皇就邀請當時美國駐日大使協助，希望美國能替日本聘請一位教育家，來北海道創辦一所最好的農業學校，之所以是農業學校，是因為明治天皇想要讓一年中有半年以上都是冰天雪地的北海道，也能成為農業大省。

這就是北海道大學的前身「札幌農學校」的開始，時間是在一八七六年。這是日本第一所頒授學士學位的大學，也是第一所以英語為主要教學語言的學校。而美國政府替日本找來的人選，就是非常出名的教育家威廉・史密斯・克拉克牧師（Rev. William Smith Clark），他也是一位農業專家，專長是園藝學、植物學及礦物學。

克拉克牧師出生在美國麻薩諸塞州，曾前往德國杜賓根大學留學，學成後返回母校教書，也成為該校的校長。美國政府認為克拉克牧師治理學校的理念相當不一樣，就把他推薦給日本政府。克拉克牧師治校的理念很清楚，就是要學生培養真實的良知，他說：「人只有在真實的良知之下，才不會欺騙別人、殘害別人。」就因為他的這番話，後來日本在第二次世界大戰時，發出反戰聲音最大的人幾乎都是他培養出來的畢業生。

其中很有名的一位就是矢內原忠雄：他原本在東京帝國大學當教授，因為公開發表反對日本出兵打那些沒有來侵犯日本的國家，結果被政府抓去關。但在戰後，日本天皇卻親自去帶他出監獄，並且聘請他擔任戰後東京大學（不再稱「帝國」）校長。天皇說：「日本需要這種有良知的教育家。」除了矢內原忠雄外，還有很多出身札幌農學校的畢業生，也都在戰爭中被抓入監牢，直到戰後才被全部釋放出來。

要注意的是，克拉克牧師告訴學生一件很重要的事，就是真實的良知不是從書本裡學習來的，而是從敬虔的宗教信仰中建構起來的。因為敬虔的宗教心會使人清楚知道，生命所要面對的，是天上的神明對生命的審判。因此，從他創校並治理學校開始，他就帶領學生討論聖經的故事，這點是一般人很難想像得到的。

在這期間，雖然有人向明治天皇舉發，說克拉克牧師這樣做會影響到日本政府正在推動的「神道」信仰，但天皇認為，既然他是美國政府推薦最優秀的教育家，就要尊重也不干涉他的做法。克拉克牧師的努力也帶來很好的成效，當年第一屆畢業生幾乎都受洗信耶穌。

克拉克牧師經常掛在嘴邊、用來勉勵學生的名言就是：「青年們，要胸懷大志！」（Boys, be ambitious!）直到今天，這句話依舊是北海道大學的校訓。你看，這跟台灣所有學校都掛著「禮義廉恥」是不是很不一樣呢？

克拉克牧師告訴學生說，人要趁著年輕就立大志。這種大志跟一般人把工作分成貴賤、高低的看法沒有關係，指的是「有意義的事」，當鎖定好這樣的大志後，就要勇往直前，全力以赴來達成。

他說，只有這樣，才能使人的生命有意義。他告訴學生：就算是種植一棵樹、栽培一株花這樣微小的事，都是生命的大事，因為這都會關係到生命問題。因此，一定要執著地完成。只要有訂立明確的目標，且這目標是生命中承擔得起信仰良知的批判，就要窮盡一生的力量去達成。

克拉克牧師在課堂上或與學生聊天時，總是喜歡跟他們談及摩西（梅瑟）帶領以色列人民離開埃及、進入曠野漂流的故事。他告訴學生，摩西是盡所有的力量要達成上帝賦予他的使命，因此，他冒著生命危險走入埃及王宮，面見法老，在被自己同胞辱罵時，他也都忍受下來。

摩西帶領以色列人離開埃及之後，進入曠野長達四十年時間，可說是歷盡一切苦難。他不但沒有退縮，還持續帶領以色列人民依著上帝的指示前進，也因為這樣，才會有後來他告訴以色列人民的這段話：

要知道，上主——你們的上帝怎樣在你們所做的一切事上都賜福給你們。你們在那遼闊曠野流浪的時候，他照顧你們。四十年來，他與你們同在，你們並沒有缺少什麼。（申命記2:7）

更重要的，是摩西後來雖然沒有得到上帝所應許，不能順利帶領以色列人民進入迦南地（今天的巴勒斯坦），但他沒有因此放棄鼓舞以色列人民，他甚至告訴他們必須在生和死之間作個明確選擇。接著，他就召見即將接替他帶領以色列人民的約書亞（若蘇厄）到他面前來，跟他說：

要堅強，要勇敢，因為你要領導人民去征服上主應許賜他們祖先的土地。上主要在你們面前親自帶領你，與你同在。他不會忘記你，也不會丟棄你。所以，你不要喪膽，也不要驚惶。（申命記31:7-8）

要胸懷大志，必須以堅強、勇敢作為底子，而要一個人不要喪膽、不要驚惶，就需要堅定的宗教信仰才有辦法。這也是上帝揀選摩西的主要因素，而摩西這樣勸勉接棒者約書亞，也是看中他有這樣的條件，因為當年摩西派出十二個青年進入迦南地去勘查時，其中十個人都表示害怕、恐懼，堅持反對，只有約書亞和另一個叫迦勒的人表示支持。

克拉克牧師告訴學生，胸懷大志的人要像摩西一樣，有堅忍、勇敢的心志，會去克服所有困難，否則，就算胸懷大志也沒有用，只會好高騖遠，不會有什麼結果。

此外他認為，只有培養真實且敬虔的宗教心，才會用誠實的心對待所接觸到的人、事、物。他告訴學生，真實、敬虔的宗教心，並不在於舉辦宗教慶典活動或是任何祭祀禮儀，而是如耶穌所說的：「上帝是靈，敬拜他的人必須以心靈和真誠敬拜。」（約翰福音4:24）使徒保羅也受到這句話影響，他說人的心，就是神明居住的地方，上帝只會與有真誠心靈的人同在（哥林多／格林多前書3:16）。

只有這樣，才能使人的生命和賞賜生命的主宰連結在一起。因此，真實又敬虔的宗教信仰，並不是把建築物建造地多麼雄偉壯麗，這完全不相關。想想看，在耶穌的時代，耶路撒冷的聖殿確實很雄偉壯麗，但在耶穌看來，那些把持耶路撒冷的宗教師，已經把美麗雄偉的聖殿變成了「賊窩」（馬可／馬爾谷福音11:17）、「市場」（約翰福音2:16）了，說白一點，就是變成充滿欺騙的地方！

克拉克牧師一再提醒學生，一個人若心中沒有真誠敬虔的宗教心，就很容易被誘惑的力量滲透，就會想一些利己害人的事。而當人有了這種意念時，心中最容易出現的念頭，就是「沒有人知道」、「不會有人知道」，然後會在暗中策劃許多不好的計謀，但這些陰暗的事，遲早都會被揭發出來，如同耶穌所說的：「一切隱藏的事都會被揭發；秘密的事也會被洩漏。因此，你們在暗中所說的話會在光天化日下被人聽

到；你們在密室中的耳語也會在屋頂上給宣佈出來。」（路加福音12:2-3）

我們從一件事就可看出克拉克牧師對學生的影響有多深遠，那就是台灣最好的烏山頭水庫的建造者八田與一先生，他在東京帝國大學讀書時，深受被日本尊稱為「港灣工程之父」的廣井勇教授影響，而這位廣井勇教授，就是克拉克牧師培養出來的學生。八田與一先生曾說過，他的老師影響他非常深遠，當他決定建造烏山頭水庫時，他就有個信念，要排除所有困難，朝著「完成全世界最美好的水庫」的目標前進，因為人們做事，都有天上的神在看著。

這就是克拉克牧師教導學生的生命理念，也是他創辦並奠定札幌農學校的基礎——真實敬虔的宗教心，和胸懷大志的生命願景。

17　值得孩子懷念的銅像

一切屬世的事物，好比肉體的慾望、
眼目的慾望，和人的一切虛榮，
都不是從天父來的，而是從世界來的。
——約翰一書2章16節

如果你平常有在注意國外的新聞報導，應該還記得一九九一年蘇聯解體之後，俄羅斯人就將列寧的銅像拆毀，過去被蘇聯高壓統治的波羅的海三小國，以及烏克蘭等許多東歐國家所建造的列寧和史達林的銅像，也紛紛被人民拉下來拆毀。這種拆毀獨裁統治者銅像的情形也發生在伊拉克，過去伊拉克處處都有獨裁者海珊的銅像，也同樣遭到人民拆毀。

建造什麼樣的銅像才能讓後代子孫懷念、學習？這確實是一件值得深思的事。

有去過日本旅遊的人，只要稍微注意一下，就會看見在許多街道上豎立著一根短小的石柱（或是木柱），上面寫著「某某人曾住過這裡」或是「某某人在這裡出生」。雖然是很簡單的一根柱子，卻可看出日本人對歷史人文的記事相當重視，一般人民只要路過時稍微瞄一兩眼，就會知道在哪個地方、什麼時間，日本出現了一位值得懷念的歷史人物。

位於奧地利首都的維也納大學的校本部，有一棟自十七世紀該校創立時就建造起來的大樓，在大樓的走廊上，可以看見許多名牌鑲嵌在一根根的廊柱上。這些名牌不大，大約是長寬各六十五公分的正方形，名牌上面貼了相片、人名、出生年月日，以及這個人對奧地利社會、國家，或是對全世界的貢獻，其中有不少人都曾得過諾貝爾獎，特別是得到醫學獎的畢業生甚多。

最有趣的，是有些學生會找一塊還沒有貼上名牌的空位，把自己的名字寫上去，至於貢獻的部分，就用「？」表示——因為還沒有畢業，不知道以後會有什麼貢獻。從學生的這些動作可看出，這些學生是立下了心志，期盼有這麼一天，也會成為母校大樓廊柱上被紀念的校友之一。

校方這樣做，有一個用意，就是要讓學生在學期間就可以開始思考，畢業以後要做什麼對社會、國家有貢獻的事，成為值得後輩學習的榜樣。

如果有機會到蘇格蘭旅遊，當你走在愛丁堡街道上的時候，稍微注意一下，就會發現處處有銅像，而這些銅像都代表著在各種領域有傑出貢獻的人才，包括文學、藝術、經濟、政治、軍事等等。

在愛丁堡街道上的許多銅像當中，我看到最特別的一座，是紀念華特．司考特爵士（Sir Walter Scott）的銅像。

華特．司考特爵士是十八世紀末葉，蘇格蘭著名的歷史小說家及詩人，寫過很多膾炙人口的歷史小說與詩歌，後世許多優秀作家都深受他的影響。為了紀念他在文學上的貢獻，蘇格蘭人特地在愛丁堡火車站附近的「王子街」花園，建造一座司考特的坐姿雕像，而且還造了一座高達六十公尺（大約是十六層樓）的歌德式紀念塔包住那個雕像。

紀念塔裡面有狹窄的階梯，可以到達尖頂上的觀景台，俯瞰愛丁堡市中心及周邊景色。登上最高的觀景台要攀登二百八十七級台階，爬上去的人可以取得紀念證書，可說是當地的知名地標了。

還有另外一個人的銅像也讓我印象深刻，就是英國出名的首相邱吉爾。他小時候讀書成績很差，也就是我們所謂「後段班」的孩子，在學校常常鬧事，讓老師們頭痛，更讓他的父親傷腦筋。後來他父親想到一個方法，就是將他送去讀軍校，讓軍校的嚴格管理來改變他。果然，這策略成功了，邱吉爾在軍校適應得非常好，成績也名列前茅，跟進入軍校前完全不一樣。

第二次世界大戰期間，他在危急間被任命為英國首相，所有人都希望他能帶領英國對抗德國希特勒的強大軍武力量。面對英國的生死存亡關頭，邱吉爾告訴英國人民：「我們將不惜一切代價保衛本土，我們將在海灘作戰，在敵人的登陸點作戰，在田野和街頭作戰，在山區作戰。我們絕不投降！」他繼續鼓勵全國人民：「我們一定會拿出所有一切的力量來抵抗敵人的侵犯，並且打贏他！」

果然，在邱吉爾的斡旋下，英國得到美國的強力支援，與美國、蘇俄聯手，在一九四五年將德國打垮，贏得勝利。

戰爭結束後，戰時的臨時內閣也必須解散。邱吉爾原本信心滿滿，認為憑藉他在戰爭中的功勞，他所屬的保守黨一定能贏得大選，但怎麼也想不到保守黨竟然在大選中慘敗，他也失去了續任首相的機會。對此，他引用古希臘作家普魯塔克的話說：「對他們的偉大人物忘恩負義，是偉大民族的標誌。」

一時的失意，並不能掩蓋邱吉爾的實力與才華。事情後來又有了反轉，在一九五一年英國大選時，邱吉爾所屬的保守黨擊敗工黨，重新執政，邱吉爾再度出任首相；兩年後，他更憑著《第二次世界大戰回憶錄》獲得諾貝爾文學獎，不但讓世人驚嘆於他的文學造詣，也讓英國人民更加以他為榮。從這裡就可看出，他不但是個軍事謀略家，也是個底蘊深厚的文學家，更準確地說，他是喜愛讀書的政治人物，這點才是台灣政治人物最需要學習的地方。

邱吉爾八十歲生日時，議會兩院在西敏寺為他舉行隆重的慶祝活動。隔年，由於年事已高，精神和體力大不如前，邱吉爾辭去首相一職。當他走出唐寧街十號的首相官邸時，他吸著雪茄，比出有名的「V」手勢向群眾致意，然後就坐上汽車，在人們的歡呼聲中離去。

英國國會為了感念他在第二次世界大戰中對英國的貢獻，以及他替英國文學界獲得最高榮譽的諾貝爾文學獎，決定在倫敦替他建造一座紀念碑。他知道之後，強烈反對，理由很簡單：「紀念碑都是鳥兒拉屎的地方。愛我、想念我，就千萬不要讓我天天聞到鳥兒大便的味道！」

你看，這樣的反應很有趣吧。但更有趣的，是邱吉爾去世之後，英國人還是忍不住在倫敦的國會廣場草皮上，為他建造了一座站立的紀念雕像。因為雕像和一般人一樣高，鳥兒就不會飛到他頭上去拉屎了。

有人想盡辦法希望在歷史上留名、讓後代紀念，特別是政治人物，若是用政治勢力的手段強迫人民懷念，就算這個人在執政時期會被人民記住，他留下來的名聲往往不會好到哪裡去，哪怕他建造了銅像，之後也會被拆下來。

相反地，有的人從來沒有想要讓別人紀念他，他只知道盡心盡力為人民謀福利，奉獻生命的力量造福社會，這種人就算沒有銅像，沒有人為他建造紀念公園或是紀念碑，他卻會在人們心中留下永遠無法忘懷的記憶，因為這些人所做的是在人們生命中留下難以磨滅的美好印記，這才是真實的懷念。若是有為這些人建造的銅像，也會被人民長久留存下來，並且用來教育下一代。

18 客廳裡的加工廠

有些人因貪慕錢財
而背離了信仰，
飽嚐痛苦，心靈破碎。
——提摩太前書6章10節

設立於一九六〇年代的高雄加工出口區，帶來台灣經濟繁榮的動力，但有一件事，是一般人甚少注意到的，就是加工出口區的建立，不只帶來台灣的經濟繁榮，也帶來層出不窮的社會問題，但因為政府並沒有全盤規劃，如今已經很難修復了，這就是經濟發展所付出的代價。

當加工出口區開始運轉沒幾年，政府就發現有些公司的生產線還是無法吃下紛紛飛來的訂單量。因此，政府又喊出口號：「客廳即工廠。」意思就是鼓勵農家在白天農事的空檔中，在家裡做加工廠的案件。工廠會提供機台放在家裡的客廳，一有空就「加減」做，例如用機器把皮帶打孔，或是做些打包、扣釘的工作等等。

過去在空閒時，農家常常是左右鄰舍聚在一起泡茶聊天，也會討論播種下去的秧苗成長得如何、缺水時如何配水灌溉，彼此交換農藥的情報，或是商討稻米穀價波動的事。他們偶爾也會相偕去廟埕看歌仔戲或布袋戲。不僅是男人如此，女人也一樣會到左鄰右舍串門子，說說餵養雞鴨小豬等事，這都是過去農村生活的景色。

但當「客廳即工廠」的口號出來，大家都在家中客廳放機器，開始兼做加工的工作，做多少件，領多少錢。這看起來好像很棒，只要吃完晚飯，或是在田裡除完草、澆完肥之後，坐在機台前就可以開工了。然而，從此之後，整個農村景色逐漸變色了。特別是村婦們，她們在客廳打開機器，依照指示操作機台，就這樣埋頭作業，每當一件完成，心裡就數算著數量，直到夜晚十點、甚至十一點。

過去在村子裡，原本晚上九點以後，看電視的人已經很少了，家家戶戶都在睡覺休息，即使有燈亮著，也是孩子在寫功課而已。但現在不是，機器的敲打聲此起彼落，一開始只有幾家，然後逐漸越來越多、越來越快，到後來，幾乎村落裡的每個角落都傳出機器敲打的聲音。

起先，丈夫會睡不著，但也逐漸習慣起來，因為知道妻子的忙碌也是為了家計，孩子讀書雖受到干擾，但也忍了下來，他們知道母親都是為了替他付學費、補習費。

這些婦女只要有空就坐在機台前加工，收入也因而逐漸增加。人就是很奇怪，有了錢，說話的氣勢就有點不太一樣。她們過去在農村只有婦女相聚時才會表示意見，談的大多是家務事，但現在開始，談的家務事減少了，大多是在談論誰家的機器做什麼加工、酬勞是多少。漸漸地，連農夫們都少談田裡的事，反而談的是哪台機器生產力比較大和妻子賺了多少錢。

從一九七五年以後，農村改建房子的情況越來越多，但在建造樓房時，都會特別注意要空出位子，放更大的加工機台。過去神明桌是擺在客廳正中央，神明的右邊是祖先牌位，人們每天都會向神明和祖先燒香拜拜，然後才出門去田裡工作，但現在大家第一個想到的，是怎樣讓更大型的機台擺進客廳，那麼放在客廳中央的神明桌就成了阻礙，這要怎麼辦？於是用「擲杯」跟神明商討是否可以遷到樓上，看見神明同意了，就馬上高興地遷走。

過去有很多時候，妻子吃完中飯，就到田裡協助丈夫，然後會在下午大約四點多、孩子放學回來前，先回家生火準備晚餐，好讓孩子回來有飯可吃。但現在她們已甚少到田裡協助丈夫，而是坐在機台前努力忙著加工。

孩子放學回來說：「媽媽，我好餓喔，有沒有什麼可吃的？」其實，廚房連起火都沒有，更不用說有什麼東西可吃。忙碌的農婦這時會從衣袋裡拿出十塊給孩子，讓他自己去買東西吃。丈夫一從田裡回來，妻子就要他趕緊過來幫忙。就這樣，夫妻兩人各操一部機器，飯也沒吃，就趕啊趕地做到深夜一、兩點。

在加工出口工業的導航下，所謂的經濟起飛已經明顯地出現，各項經濟指標數字都在快速成長。許多讚美的話語從國際間傳回台灣來，也就是我們過去所熟悉的「經濟奇蹟」、「亞洲四小龍的龍頭」等等。大家都陶醉在這樣的經濟發展裡，看來台灣是一片繁榮景象，於是一個加工出口區不夠，第二個加工區接著設置，各種附加工業也紛紛跟著出現……

就這樣，在一九八〇至九〇年代，台灣人確實賺了很多錢，有人形容台灣人從「錢淹腳目」到「錢淹肚臍」，甚至是「錢淹目眉」，表示台灣人只要眼睛打開，看到想到的都是錢！

但甚少有人注意到，農村過去的家庭凝聚和安寧景色已經不復存在，換來的是機器的敲打聲，談話的內容不再是農事，而是機器和加工品。夫妻的對話漸漸變少了，孩子和父母之間的對話更少，還有一件事更明顯：過去人們每天起床的第一件事，就是向神明和祖先牌位燒香拜拜，現在因為遷到樓上，有時就忘記了。漸漸地，原先每天使用的線香換成可燃燒一個禮拜的圈香，從一天拜一次神明和祖先，變成一個禮拜拜一次，跟神明講話的時間也因此減少了。

新的加工區不斷設立，需要大量勞工投入，因此有更多人口仲介進入山區原住民部落和偏遠農村去找人。於是，販賣人口的事頻頻傳出，在原住民村落更為嚴重，有的部落甚至是全部的小孩都被販賣一空。

在一九七八年，我曾和台北李春生長老教會青年團契合作，他們願意出錢幫助十個原住民小孩讀書，直到他們無法繼續讀下去為止。我和瑞士天主教白冷會的神父合作，找到十個家庭，也和他們都說好了，但過了一個月，當李春生教會青年團契代表來拜訪這十個小孩的家庭時，卻發現這十個小孩都被賣掉了。

販賣人口不僅是賣小女孩，男孩也會被賣去工廠當童工。只是女孩更不幸，多數被賣到娼館去賣身。這就是在一片經濟繁榮景象下，我們已經被「錢淹目眉」，看不見是非，只看見花花綠綠的錢！

我們是在經濟繁榮之下賺了錢，但賺些什麼錢？做些什麼隱藏在黑暗角落的事？為什麼會這樣？就像前面提起過的，為了賺錢，人們與信仰的距離越來越遠，已經不再有「舉頭三尺有神明」的敬畏心了。為了錢，什麼惡劣的事都敢做出來，然後又從賺來的錢裡拿出一點點的錢去做「功德」，用來掩飾這些惡劣的行徑。

我們很應該清楚兩件事：一是上天在看，二是上天會審判。沒有任何人可以例外。聖經就有這樣的話說：「貪圖不義之財，危害家室。」（箴言15:27）「貪財是萬惡的根源。有些人因貪慕錢財而背離了信仰，飽嚐痛苦，心靈破碎。」（提摩太／弟茂德前書6:10）

一定要記住，不要以為在暗中賺取不義之財，沒有人會知道。上天清楚知道，且會讓這些以貪婪欺騙手段來賺錢的人付出代價。不但這樣，上天一定會嚴厲懲罰，就像〈箴言〉作者所說的，這種懲罰不但危害自己，也會禍延子孫。

19 藏在錢幣圖案裡的秘密

這世界和一切屬世的慾望都正在消逝；
但是，實行上帝旨意的人要永遠生存。
——約翰一書2章17節

我們到國外旅遊時，只要稍微注意一下，就會看到許多國家的錢幣在設計上有很大的差異。除了可看出各國政府在防範假鈔的工作上確實是絞盡腦汁外，也可從紙鈔的設計看出該國的人文思想與文化素質。

若是錢幣上的設計還停留在統治者的圖像（尤其是統治者對人民的手段相當殘酷時），不論這個統治者過世與否、功過如何，都在表示這個國家離人文和文明的境界還有一段距離。

在所有外幣中，我個人很喜歡日本的紙幣。因為我發現日本的紙幣很有歷史和人文的思想，這是引起我注意、也讓我喜歡的地方。

從第二次大戰之後，經過了四十年時間，日本政府終於在一九八四年把一萬圓紙幣上的日本天皇圖像，第一次改換成福澤諭吉的圖像——他可說是改變和影響日本近代歷史最為深遠的一位思想家。

福澤諭吉年輕時，曾前往長崎學「蘭學」（當時日本一股學習荷蘭的風潮），因為在十七世紀時代，荷蘭人的商隊遠行到日本，讓當時的日本人大開眼界。因此，學習荷蘭的各種事物就成為當時知識份子的時尚。

然而到了一八五三年，美國海軍四艘火力強大的艦船到來，改變了日本長達兩百年的「蘭學」風氣。五年後，福澤諭吉來到橫濱，看到開港之後上岸四處遊走的美國商人和軍人，警覺到美國才是未來世界的領導中心，他因此改學英文，並且出書介紹國人認識「美國」，也因為他的書，才使得日本人意識到必須跟隨世界的腳步，才不會讓日本被世界所淘汰。

後來，福澤諭吉受日本政府差派，前往美國、歐洲訪問，回國後又寫書介紹美國和英國等歐美先進國家給日本國民認識。他所寫的《西洋事情》，十九世紀的日本人幾乎家家戶戶都有一本。他同時將自己過去開創的「蘭學塾」改名為「慶應義塾」，專心投入教育民眾的工作，而這所「慶應義塾」就是今天日本很有名的「慶應大學」，該校畢業生一直都在日本政經界相當活躍。

福澤諭吉一生最令人感佩的地方，就是對當官一點興趣也沒有。連明治政府力邀他出任首相，他都堅持不受，只專心教職傳授理念，並以栽培年輕一代新秀作為終身職志，難怪他會被譽為「日本的啟蒙大師」，真是一點也不為過。

這跟我們在台灣看見的很不一樣。我們看見的是許多學者寧願放棄學校教職，只想當官，甚至還求官，結果不但不適任，做起事來還和他們過去在學校講的完全不同，若是再加上連連出錯，不但學生不滿，民眾也是一片罵聲。然而福澤諭吉一心一意地只想好好教育下一代，他堅持一個信念：有好的下一代，日本才有希望。這點才是值得台灣學界好好省思的地方。

同樣在一九八四年，五千元日幣的圖像，更改的人物是和台灣糖業發展有密切關係的農業專家——新渡戶稻造博士。他不但是個農業專家，也是教育家、政治家。早年曾留學歐美，先後入讀約翰霍普金斯大學和哈佛大學。新渡戶稻造博士曾擔任台灣總督府民政部殖產局長。他在總督府任職時，是規畫台灣糖業發展的主要策劃人，目前在花蓮糖廠文物館有安置一座紀念他的銅像。

同年改版的一千圓日幣，圖像是夏目漱石，他是日本非常出名的文學家。日本政府到現在還保留著他生前居住過的房子，改作紀念館，幾乎每天都有人去參訪。該館設有專門導覽員，特別是在假日期間，中小學的老師都會帶學生到這間看似沒什麼，但在日本教育界看來卻是非常重要的教材「課本」，可幫助學生思考生命的價值和意義。

日本出了好幾位諾貝爾文學獎得主，必定跟他們對文學家的重視有關。夏目漱石在日本文學界的地位，並不亞於獲得諾貝爾獎的川端康成。

二〇〇四年，也就是改版的紙幣經過二十年後，日本政府再次將紙幣重新改版。改版的一千圓日幣圖像換成野口英世博士；他是被日本人懷念的醫學家，也被日本人譽為「細菌學之父」。

野口英世小時候，左手不小心被燙傷，醫治好之後，手指已經彎曲變形，因此他許願以後要當醫生，治好所有的疾病。這種心志令人感動，想當醫生是為了救人，而不是想要賺錢。

他窮盡一生時間專事研究細菌，以發現「梅毒螺旋菌」而成名。後來為了研究非洲的「黃熱病」，親自跑到非洲迦納這個國家去，但非常不幸的是，他在研究黃熱病的過程中，自己也受到感染，年僅五十一歲便病逝於非洲。日本人在他的墓碑上這樣寫著：「他畢生致力於科學，他為人類而生，也為人類而死。」

同一次改版中，日本政府將原本紙幣五千圓的人像，換成一位女性文學家——樋口一葉。

因為母親思想保守，認為女子無才便是德，所以樋口一葉小學還沒念完，便被迫輟學。但她經常到圖書館自修，研讀古典文學著作，打下了很好的文學基礎。她以筆名「一葉」發表的作品，都獲得高度評價。後來，她因為感染肺結核，年紀輕輕就去世，年僅二十五歲。她可說是十九世紀日本女性文學的先驅作家，被稱為「平民」女作家，也因此成為日本紙幣上第一個女性人物。

從這裡，我們可以理解到日本之所以會成為今日的先進國家，原因和國民普遍讀書的風氣有絕對關係，因為一個國家社會之基礎堅強，並不只在於金錢財富擁有多少，真正的財富是國民教育的素養、敬虔的宗教心，以及對整體世界的認識。

去過日本旅遊的人，都會體驗到日本人禮貌的周到，以及辦事效率之快。而日本國民讀書風氣之盛，單從火車、電車上民眾閱讀書報的普遍度就可看出。美國版《時代雜誌》發行的同時，日本也幾乎同步發行日文版，由此情景就可明白，他們的國民對整體世界的認識絕非我們可以比擬。

越來越多國家不再用政治領袖當紙幣人像，包括許多歐洲國家都是這樣，尤其是歐元發行後，這個現象更為明顯，因為那是歐盟國家的共同貨幣，不可能使用任何一位政治人物的頭像。

反觀我們的紙幣、硬幣，都還在使用政治人物的頭像，實在是可以考慮改換了，改用在各方面對國家有貢獻的對象。而且，若是每十年、二十年更換一次，也是對現代國人的一種鼓舞方式，讓那些對文學、藝術、醫學、社會、教育、科學、體育等方面有貢獻的人，可以每天與千萬同胞相見於生活中，深信這種做法對國家會比較實在，對台灣社會也會比較健康，且有意義多了。

20 女工宿舍給我們的啟示

你們不可剝削或搶奪同胞。
不可延遲付工人的工錢，
即使一夜也不可。
——利未記19章13節

我在一九七四年從神學院畢業後，被長老教會總會差派到台東關山教會去牧會。隔年六月中旬的某一天，教會有幾位國中三年級的畢業生來找我，請我替他們禱告。

他們手提著行李，我看了很驚訝地問他們：「你們不是要參加畢業典禮嗎？怎麼還帶著行李箱？」他們說：「是啊，今天是畢業典禮，結束後，我們班的同學就要去高雄加工出口區的一間公司。老師也會陪我們去。」我問他們那間公司是做什麼的，他竟然說：「不知道。」

這讓我感到相當詫異。我帶他們祈禱後，陪著他們走到校園，看見門口已經有四部遊覽車等候著。我終於明白，原來是學校老師沒有鼓勵孩子上學，而是希望他們去工廠工作。我多方打聽之後才知道，原來在七〇年代，老師會那麼熱衷介紹學生到工廠去做工，而不是繼續升學，是因為有介紹費可拿，而且介紹費還很豐厚，因此，很多老師都喜歡介紹學生到工廠，不鼓勵學生繼續升學讀書。

這種現象，使我想起我在神學院時代，去加工出口區的女工宿舍訪問的經驗。全台灣第一座「加工出口區」是在一九六六年成立於高雄前鎮區西北部的「沙仔地」，這也是全世界第一座加工出口區。

那時，還有不少國家都和我們有外交關係，來自各國的公司紛紛在加工出口區設立工廠。在政府的宣傳下，民眾知道加工廠需要大批工人，隨時可加班賺錢。甚至連學校老師也做起仲介工人的工作，於是許多農村的國中生，特別是被學校編入「後段班」的學生們，都忽然成為老師家庭探訪的主要對象，遊說家長們不要再讓孩子去讀書，而是趕快去做工，貼補家裡的收入。

為了讓從農村或是山地部落來的女工，可以有個安心租住的地方，政府在加工出口區建造了一棟可住四百人的「女工宿舍」。每天下午六點，當時還在念神學院二年級的我，會和同學們一起到女工宿舍的客廳訪問女工，常常看到有不少女工站在宿舍圍牆邊交頭接耳，互相交換工資和工作的訊息。

我們也發現女工們偶爾會翹起腳尖往牆外探視，我問這些女工說：「妳在看什麼？」回答是：「沒有什麼，隨便看看。」而圍牆外面聚集了許多年輕的男性勞工，我們也問他們聚在這裡有什麼事，他們說：「沒有，隨便等等！」這真的是很有趣的畫面，裡面的女青年說「隨便看看」，外面的男青年說「隨便等等」。

正如俗語所說的「一回生，兩回熟」，這樣天天看，幾次之後，就會有一對對的年輕工人相約出門去。有的交談之下，發現原來是同鄉或隔壁村的，感情就升溫得特別快。

於是，有越來越多的男女青年相約、熱戀，也因此出了不少況狀。常有女工昏倒在浴室、廁所裡，原因是流產。在短暫的歡愉之後，有的女工因為對方避不見面，只能自己設法讓孩子流產；也有的因為懷孕，不敢繼續在加工區住下去，比較幸運的就和對方組成了家庭，但有更多女工被男友騙了。有的女工在離開宿舍後，在她們房間裡發現當時流行的「白板」、「紅中」、「速速空」等毒品，這表示她們不但被騙，甚至可能是被人口販子用毒品控制而離開了加工區。

一九七〇年代，台灣的經濟起飛，就是靠這群來自鄉村的老實年輕人打下基礎而發展起來，但在經濟發展的陰影底下，我們並沒有注意那些少年少女的安危，也沒好好讓他們得到該有的照顧與輔導，也因為這樣，有許多年輕女子被騙、被賣去當妓女，且是被用毒品控制著，使她們終生過著這種悲慘的生活。

我有一段時間在關心「性工作者」的福音事工，就發現有些性工作者已經六十幾歲了還繼續在工作，我隨即想到她們很可能就是一九七〇年代被父母或是被男朋友出賣的女子，讓我心痛不已。

有會友聽到我在關心此項事工，往往會問：「牧師，你有告訴她們不可以做這種工作嗎？」我都是回答說：「我沒有資格跟她們講這種話。因為在這之前我不曾關心過她們，也不曾在她們最困難的時候幫助過她們，也沒有能力幫她們脫離這種困境。我唯一能做的，就是告訴她們：『耶穌愛妳們。』」

一般人都會關心大公司、大企業，但不論公司或企業多大，真正使這這些企業、公司成長壯大的，都是這些一再被忽略的基層工人，他們才是真正的偉大。就像一棟高聳的大樓，也是一粒粒微小細沙所組成的建材堆積起來的。

基督宗教福音的傳遞，幾乎都是從這些被社會所遺忘的邊緣人開始的，他們最容易接納福音，因為當教會開始關心、陪伴他們，他們就會在辛苦繁重的生活與工作中得到生命的盼望，產生一股新的生命力量。

我想起了上帝呼召人來當僕人時所說的話（以賽亞書61:1）：

至高上主的靈臨到我；
他膏立我，揀選了我，
要我向貧窮人傳佳音。
他差遣我醫治傷心的人；
要我宣告：
被擄的，得釋放；
被囚的，得自由。

這段經文很清楚說出了上帝所關心的對象，就是這些被我們社會所疏忽的底層之人，包括：貧窮的人、心靈憂傷的人、被擄去販賣為奴的人、被關入監獄當囚犯的人……等等，這些都是福音所關心的對象。

當我們一再要求談經濟發展時，千萬不要疏忽了真正重要的勞工們，他們才是社會動力的來源。因此，愛他們，等於是在疼惜我們自己一樣。

21 給下一代的美好傳承

追求智慧是最切要的事，
要用你所有的一切換取見識。
喜愛智慧，智慧就會使你成功；
珍惜智慧，智慧就會使你尊榮。
——箴言4章7-8節

「有念書和沒念書，不管是胸襟或視野，一定差很多。透過閱讀，甚至可以改變一個人的命運。唯有多培養閱讀能力，國家的競爭力才能建立。我們做的，是非常基本、但非常重要的事，而且非常有意義！」

上述這段話，是南投竹山「欣榮圖書館」館長高瑞錚律師所說的。從他的這段話就可以理解，為什麼日本、歐美、紐澳等國家，政府會傾全力培養他們的國民喜歡讀書，因為從一個國家的國民是否喜歡閱讀，就可看出該國的國勢是強是弱。

日本就是一個讀書風氣很盛的國家。在智慧型手機還沒有出現之前，無論是在公車、電車、火車、渡輪上，日本國民幾乎是人手一書。他們的國家編譯館，不像台灣的是在編「標準教科書」，而是在翻譯全世界最新出版的重要書報刊物。這就很有特別意義，因為民眾需要的是吸收最新的資訊與知識，而他們讓學有專精的人去學習、翻譯這些外語，民眾就可以減少閱讀外語的時間，把更多時間用來學習新知。

這也是日本民眾會懷念福澤諭吉，甚至尊稱他是「近代日本之父」的原因。前面有提到，福澤諭吉就是透過寫書、辦學校（慶應大學），告訴日本人要改變觀念、要認清今天的世界，在他的影響與帶動下，日本的國力終於逐漸累積起來，成為世界強國之一。時到今日，日本的讀書風氣依舊在世界上名列前茅。

每個人的生命價值觀都不一樣，但會想到要蓋一座圖書館來造福鄉梓的台灣人，可說是少之又少。因為要營運一座有規模的圖書館，除了每年都要花好大一筆錢去維護硬體建築物外，還要有足夠的人事費用，若再加上購買書籍等等，加起來的經費就相當可觀。

因此，即使一九九〇年代政府曾撥出許多經費在各鄉鎮蓋圖書館，卻不會經營，導致許多公立圖書館變成「蚊子館」，更嚴重的連圖書館裡的書都發出霉味了，更令民眾不想借書。會變成這樣，除了讀書風氣低迷外，也是因為圖書館的工作者本身就不是喜歡讀書的人，也不知道什麼是好書，自然無法激起民眾想要閱讀的欲望。

但在南投縣的竹山鎮，卻有一個家族，兄弟六人共同出資一億二千萬元，在竹山鎮大勇路興建了規模和環境都不亞於任何公立圖書館的私人圖書館，就是「欣榮紀念圖書館」及「玉蘭文化會館」。

這座占地一千五百坪，地上、地下共七樓的現代化多功能圖書館，是由高瑞廷、高瑞錚、高瑞治、高勝治、高文環、高民環等六位兄弟，為了紀念父母養育的辛勞而出資興建的。他們父親的名字是「高欣榮」，母親的名字是「高廖玉蘭」，圖書館與文化會館就以此為名。

「欣榮紀念圖書館」和「玉蘭文化會館」外觀宏偉，庭園造景美輪美奐，沒有圍牆，而是和社區融合一體；內部設備新穎，目前已收藏超過十萬冊的各類圖書，且新書上架速度非常快，新書上市一週內，這裡就可以借到。這表示該館對台灣出版界的動態相當清楚，有什麼新書、好書，他們馬上就會採購進館，提供給民眾閱讀。

館內一切的服務，像是借書、借視聽片，或是報名任何文化會館所開辦的研習班、使用各種設備等等，完全都是免費，原因只有一點：不希望民眾因為經濟壓力而失去學習的權利和機會。

其實，高欣榮先生並不是什麼有顯赫家世或特殊身分的人。他是鎮公所的基層公務員，妻子做些手工藝貼補家用，家境並不如何富裕，但是他們對孩子的教育極為重視，培養孩子從小就喜歡閱讀，除了學校的功課外，也鼓勵他們去圖書館看書。在這樣的家庭氛圍下成長，他們六個兄弟都很認真，每個都是學識豐富、事業有成。

排行第二的高瑞錚律師回想早年生活，沒有良好的讀書環境，他說：「大家擠在一個小房間讀書、寫功課，我常常搬張板凳當桌子。」一直到他進入台中師專就讀，那裡的圖書館提供了舒適、寬敞、明亮的閱讀環境，讓他十分驚喜，從此以後天天到圖書館報到。後來，他感念求學時期常利用圖書館資源，因此，當兄弟相聚一起時，他便提議在爸爸媽媽的土地上興建一座現代化的圖書館，來作為紀念，馬上獲得兄弟們一致的贊同。

高家父母對孩子的教育理念，讓我想起荷蘭「萊登大學」（Universiteit Leiden）創辦的經過。

位於荷蘭的萊登大學，是全世界相當有名的一所大學。這所大學的設立，有一段很特別的過程。在一五七四年，西班牙無敵艦隊在羅馬教廷的指示下，出兵要去懲罰荷蘭，因為荷蘭想要脫離教廷，加入馬丁路德帶領的「新教運動」。當時，西班牙是全歐洲最強盛的國家，有最強大的軍事武力，特別是它的「無敵艦隊」，幾乎所有歐洲國家只要一聽到，就會嚇到無力抵抗。

因此，當教宗下令西班牙艦隊去攻擊荷蘭時，整個荷蘭都人心惶惶，而首當其衝的城市，就是萊登城。被無敵艦隊所包圍的萊登城，看起來似乎只有投降一途。但城主並不打算這樣做，他要全城的人民齊心向上帝祈禱，懇求上帝降下大雨，好影響西班牙艦隊的前進速度。在此同時，城主也暗中調派人手，派出一組敢死隊準備去敲毀堤防和閘門。

果然，上帝垂聽了他們祈禱的聲音，就在西班牙艦隊準備登陸之際，突然下起滂沱大雨，而且越下越大，連續好幾天。直到月圓漲潮時，城主派出的敢死隊抓緊時機破壞了堤防閘門，大水隨即沖破堤防，淹沒了許多田園和房舍。雖然城內損傷極大，但受創更嚴重的，是西班牙無敵艦隊，在強大水力的急速衝擊下，船艦撞上堤防，整支艦隊幾乎全毀，兵員死傷無數，艦隊也從此一蹶不振。

萊登城獲得解圍，荷蘭國王也趁勢宣布脫離羅馬教廷。這就是歷史上出名的「萊登城戰役」。

為了獎勵萊登城居民的英勇表現，國王在戰後特地親訪萊登城，並給萊登城的居民兩個選擇，看是要免稅，還是要減稅。萊登城的居民討論之後，有了共識：「現在若是請求國王減免我們的稅金，萬一有一天他去世，接續王位的國王不認帳，反而有可能加重稅金，那時我們就失去所有的一切。但若是能請求國王給我們蓋一所大學，讓萊登城所有子弟都受到好的教育，這就是萊登城最好的城防，也是荷蘭最好的防衛力量。」

於是，他們將這個決定告訴國王，國王大為感動，隨即在隔年拿出一大筆錢，蓋了這所聞名世界的萊登大學。因為是國王出錢蓋的大學（請注意，學校沒有用國王的名稱，而是用該城的名稱），所以聘請的老師都是國王欽點，幾乎全歐洲最傑出的學者都曾受邀到該校執教。果然，五百多年來，萊登大學不但培育了許多荷蘭菁英，也帶領荷蘭成為當今世界領先的國家之一。

荷蘭的土地條件、生存環境，樣樣都不比台灣好，但荷蘭卻曾經統治台灣長達三十八年的時間，而影響日本更深遠，長達兩百年以上。由此可見，人民讀書，讀好書，讀有用的書，就是在培養國家最優秀的人才，不但造福國家社會，只要人民都有好好讀書，就是國家最好的防衛力量。

當我們看到高家兄弟開辦圖書館，且是所有圖書館裡的書、資訊都可以免費使用，這已經默默地在大竹山地區撒下了非常珍貴的知識種子。高瑞錚館長也表示，他雖然是一位律師，但他最有興趣的事是「教育」。他說：「當年我的雙親在物質條件極其困難下，仍堅持以教育為重，辛苦栽培我們六個兄弟完成高等教育。那時常有人遊說父親競選鎮長，但父親總說：『我把孩子教育好比較重要，政治不是我的目標。』我在這方面，深受父親的影響。」

他還說，小時候常遇到有乞丐來家裡乞討，高家雖然人口多，家境又不優裕，卻總是不會拒絕乞丐。高家兄弟的母親常說：「只要每個人少吃兩口，就不會有人挨餓了。」母親的言行，為孩子做了最好的身教。

這些都讓我們看到，父母家庭教育對子女的影響，以及學校老師對學生的影響，都是非常深遠的。「欣榮圖書館」和「玉蘭文化會館」的建造背後之因，可以為今日台灣社會帶來很好的借鏡。

22　對於「水」的省思

上主這樣說：「我使這水純淨，
不再造成死亡，土地不再貧瘠。」
——列王記下2章21節

到現在我都還記得，國小讀書的時候，書中這樣說：「空氣、陽光、水，是人類生存的三大要素。」確實一點也不假。

打開聖經，〈創世記〉第一章提到上帝的創造，第一天就是造「光」，緊接著第二天就是造「水」和「空氣」（聖經是寫「穹蒼」）。有水的地方才有生命滋生繁殖，這是最基本的常識。沒有陽光的地方，即使是最堅韌的生物也會逐漸枯萎。因為有水和陽光，才有空氣存在。

很多人會說台灣是個「寶島」，也是個「美麗島」，這點並不是在自我陶醉，特別是在現今時代，更是如此。別的不說，單單就「水」這件事來看，我們就可以說台灣是上天獨厚的寶島，因為每年從天上降下來的平均雨量超過二千五百公釐，這是全球平均雨量的三倍，由此可看出上天真的特別厚愛我們這塊土地。

可是我們也發現一個事實，那就是只要連續下大雨，就會發生水災。相反地，若是連續三、四個月沒有下雨，或者是四、五月的梅雨期間雨下的少，就會鬧水荒。我想起一九九三年七月，當時基隆市曾因為嚴重水荒，必須倚靠台北市消防車載水去供應，當時的市長林水木還率領眾人穿上麻衣，跪在祭壇上祈求上天賜雨。同一年，新竹市也面臨嚴重水荒，市長林政則也同樣為了求雨而擺上祭壇。

我們幾乎年年缺水，但也年年上演水災，曾幾何時，美麗的寶島變成「下大雨變水災，不下雨變旱災」的怪島了？這到底是怎麼一回事？

再看看另一個面相：台灣面積並不大，但水庫之多，在世界上可說是名列前茅。我們要注意的是建造水庫並不是好事，那是會改變原有生態的嚴重之事，特別是台灣處於地震帶，建造水庫若是稍微疏忽，萬一大地震造成水壩斷裂，後果是不堪想像的可怕。

既然建造人工水庫並非解決缺水的最好方式，那麼，怎樣使水庫的水因為有良好的管理而成為細水長流的源頭，才是更重要的事。一個有智慧的政府就是要將它的才能用在這方面，我們甚至可以這麼說：要知道一個政府是否有能力，只要看它怎樣處理自來水，就看得出來了。

其實，世界上有一個國家在水利工程上是很值得我們學習的，那就是以色列。以色列在水利工程方面的成就被全世界公認是第一名，因為他們的政府很清楚知道，若是沒有水，就算武器再先進、石油再豐富，一切也是枉然，連要解決人民口渴的問題都沒辦法。那些飛彈、火箭、飛機、坦克、大砲，都會跟廢鐵一樣沒用，因為若是沒有水可喝，連最菁英的部隊也會很快高舉雙手向敵人投降。

這是他們從祖先的歷史所學習到的經驗，也因為以色列長期處在阿拉伯世界的包圍與威脅下，他們將「水」看成全世界最重要的資源，因為軍隊在戰場上最不能缺少的就是水，而這點正好是阿拉伯國家最大的致命傷。

以色列在戰爭中佔領的土地幾乎都是荒漠地區，別說要生產蔬果，連人要居住生活都會有困難。但以色列政府卻把這些地區開發成屯墾區，除了讓國外返鄉的以色列僑民大量住進去，還積極開發「公共農場」，藉助成功的水利工程，不但生產出全世界最好品種的葡萄、橄欖、蔬菜等大量蔬果，也讓居住於此的人民毫無缺水之慮，而大量農產品的生產，還能為前線戰士提供所需要的補給。

以色列的成功，是一項值得深思的功課，不應該一談到以色列，就想到他們尖端的軍事武器，那不應該是我們要學習的東西。

前面的章節有提到，以色列會有這樣的觀念，和他們祖先離開埃及、在曠野漂流長達四十年的經驗有密切關係。

〈出埃及記〉記載，摩西帶領以色列人民離開埃及、進入曠野後，第一件遇到的生命危機，不是來自敵人的攻擊，而是沒有水喝。想想看，當年出埃及的人數超過兩百萬人，在曠野流浪一定要喝水，這些水要從哪裡來？

這就是極大的問題。他們從這段經歷中學習到：上帝從磐石出泉水，或是將不能喝的苦水變成甘甜的水。於是，他們知道上帝會降雨水，但他們現在居住的迦南地，從天上降下來的雨水並不比台灣每年降雨量多，最多也只有四分之一而已。那麼，要怎樣將這些珍貴的雨水存留下來？這就是以色列政府認為最重要的施政之一。

再者，就是先知以利沙（厄里叟）的時代，原本耶利哥城的水不能喝，以至於該城很貧困，居住的人很少。後來，先知以利沙向上帝祈求，改變了該城的水質，使得耶利哥城變成巴勒斯坦最好的農地，直到現今都是以色列的「綠都」，是個農業大城。因此，他們思考這個問題：怎樣讓不能用的水，變成民生可用的生活水？這是他們政府認真思考的第二項。

以色列政府整合了所有的科技能力，努力朝這方向去發展。他們是怎麼做的？首先，把現代電子科技研發出來的機器裝在公車上，這機器可以把公車上冷氣機壓縮出來的水存留下來，再利用高科技的機具把這些水加以淨化，變成可生喝的潔淨水。這項技術也用在一般汽車和每個家庭的冷氣機上，排放出來的水可以回收、轉變為可飲用的水。每個人出門都自己帶杯子、水瓶裝水，節省了許多紙杯的消耗，在環保上又是好事一樁。

此外，他們的法令規定，任何建築物的樓頂都要裝有接雨水、露水的排水管，將每年雨季的雨水直接引到專用水管中，再流到水廠，路邊的排水溝也一樣有專門接收雨水的設施，這些都是為了把雨水儲存下來。更重要的是他們的科技團隊發現，灌溉這些田園，並不是把水噴灑在所有的土地上，而是直接澆灌進入蔬果的根部。因為灑在乾旱的表土上，馬上就被強烈的日光蒸發掉了。

這些屯墾區，原本是一片又一片的荒野不毛之地，經過以色列政府的一系列設施改造，如今都已經變成綠洲，生產的蔬果不但可以自足，還可以外銷歐洲市場。

想想看，以色列政府所做的，豈不就是我們政府可以學習的功課？照理說台灣不應該是會缺水的國家，因為上帝賜給台灣的雨水，比以色列多出至少八倍以上。可是，我們偏偏不疼惜這塊土地，除了浪費用水外，更糟糕的就是允許財團濫墾山林，明知道森林是含蓄水分的主要資源，政府卻一再允許建商往高山建造別墅高樓，允許大型寺廟坐擁山頂，發建照給財團在湖邊、水庫旁建造頂級觀光飯店……等等。在土地和水資源保護政策上，都沒有魄力落實該有的政策，這就是每年會發生缺水的原因。然後每年缺水時，再來宣導要大家節約用水，這種光說不練的口號喊久了，人民也會麻痺無感，說了等於沒說一樣。

水，是生命存活最不可欠缺的要件，也是國家生存的命脈，更是今天全世界最重要的資源。不要老是將石油看成重要資源，也不要以為有錢就有一切，絕對不是。有錢，可不一定買得到水！

我們有很好的科技，就應該將這些科技用來發展怎樣將水儲存下來，因為只要有水，就不用擔心饑荒來臨；只要有水，即使在最艱困的環境下，我們也可以繼續生活下去。而雨水，是上帝賞賜給我們最好的禮物，一定要珍惜、保存下來。這不但是政府應該要注重的問題，也是學校應該帶領、教導我們的孩子深入思索的重要課題。

PART.3

給世界的祝福

23　最微小的事，最偉大的愛

不可輕看任何一個微不足道的人。
我告訴你們，在天上，
他們的天使常常侍立在我天父的面前。
——馬太福音18章10節

大家都聽過世界聞名的德蕾莎修女，也聽過她的故事。她在印度的加爾各達創辦「垂死之家」，帶領仁愛修會的修女們去街道上，將那些垂死的病人帶回來，好好地清潔、整理，照顧他們直到去世，然後替他們火化埋葬。

因為媒體的報導，很多人慕名而去，想要投入義工的工作。但他們去當義工，並不是長久性的，而是利用自己休假的時間去。德蕾莎修女並不拒絕這些短期間去當義工的人，她也希望用這種方式，讓平時甚少有機會接觸社會最底層的人，可以體驗一下什麼是「生命苦難」的意義。

很有意思的一件事，就是有一天，一架專機從巴黎飛往印度加爾各達國際機場，這是一位法國企業家的私人飛機。原來這位企業家的女兒也想去認識德蕾莎修女，並向她學習，無論父親怎樣勸阻都無效。後來父親就用自己的飛機將女兒的行李載去，裝滿了兩個小貨櫃。父親同時寫信給德蕾莎修女，請她多多照顧他的女兒。

當這位千金小姐抵達後，卡車載運兩個貨櫃箱。德蕾莎修女請卡車司機先將貨櫃運回機場暫放，然後發給這位千金小姐兩套換穿的衣服、一雙鞋子、一張簡單的床鋪、一個水桶。德蕾莎修女特別告訴這位千金小姐，說那個水桶是洗澡用的，但也要用來替病人潔身。

就這樣，每天早上用過早餐後，德蕾莎修女就帶著這位千金小姐和修會的其他幾位修女，一起出門到街上去，每當看見有倒臥在馬路邊的人，德蕾莎修女就和幾位修女一起把這些人扛回修院。這些人往往是因為飢餓無力而躺臥路邊，也有些人是病重卻沒有錢看醫生而瀕臨死亡。

剛開始的第一、二天，這位千金小姐每次貼近這些垂危的病人，就會嘔吐，且是吐個不停。因為這些病人很久沒有洗澡，全身有一股惡臭，讓這位千金小姐簡直無法忍受。她從來沒有聞過這麼可怕的臭味，但她看到德蕾莎修女和其他幾位修女都很安然自在，好像沒有聞到這種味道的樣子，手腳俐落地將病人扛起來，放在板車上推回修院。回去後，她們替這些人潔淨身體，擦掉身上的汙垢，而這時候所散發出來的味道，更加難聞。

但就算是這樣，這位千金小姐並沒有要打退堂鼓的樣子。她繼續進入第三天，說也奇怪，她不再嘔吐，也學會了怎樣扛病人上板車，而且越來越順手，每過一天，她的動作就越來越快。就這樣，一個禮拜過去了。

在第十天的時候，德蕾莎修女請這位千金小姐到她的辦公室，跟她說駕駛員在機場等她，她帶來的兩個貨櫃用品都已經放進機艙，她可以回去了。

但這位千金小姐卻回答德蕾莎修女說：「我不回去，因為我發現每天到街上去扛這些垂死的病人回來，就好像從十字架上將死去的耶穌搬下來一樣。」

接著，她就打電話給在巴黎等她回去的父親，說她決定要留下來和德蕾莎修女一起工作，不再回去。

在這件事之前，有一位英國《泰晤士報》的專欄作家曾去採訪德蕾莎修女。當時，這位專欄作家自信滿滿地遞上名片，沒想到德蕾莎修女說她並不想接受採訪，也不想要媒體報導她的事情，只淡淡地說她很忙，有一整桌的信要回覆。

她一面說著，一面拆信。從信封上就可以看出大堆信件都是來自世界各地的捐款信函。她都是逐封回覆，從信封上的字跡看起來，很多信都是小孩子寫的，信打開來，信紙裡往往夾著一張五塊美元、或頂多是二十塊美金的捐獻。

於是這位專欄作家就跟德蕾莎修女說，只要給他三個小時，他保證至少可以替她募到超過一百萬美元的捐獻，但德蕾莎修女只簡短地回覆一句話：「謝謝。我們並不欠缺。」然後繼續給滿桌子的信回信。

這位專欄作家不死心，決定要採訪到底。他退出辦公室之後，看見有幾位修女正好要出門，且推著板車，就知道修女們又要出去載運垂死病人回修院了。因此，他也跟著出門。結果，就像前面提過的那位千金小姐一樣，這位作家也嘔吐到停不下來，因為他沒有想到會是那樣嗆鼻的味道，真的很難忍受。

最讓他感到恐怖的，就是修女們將一位垂死病人送回修院、正要從板車上抱下來時，這病人突然吐了一大堆穢物出來，剛好噴到了這位專欄作家的鞋子，他嚇到直呼：「要怎麼辦？我會不會被感染？」這些修女連理都不理他，只繼續替這位病人清理身體，然後拿熱湯餵食這位病人。

這位專欄作家根本無法想像，原來德蕾莎修女所創辦的「垂死之家」是在做這種最卑賤的工作。後來他回到倫敦，把他的所見所聞寫出來，並用了許多相片強調這些都是真實發生的事。

其實，進入仁愛修院的門口，就會看見門口有座耶穌被釘在十字架上的雕像。在耶穌的腳下寫著一行字，就是〈約翰福音〉十九章二十八節中，耶穌在十字架上所說的話：「我口渴。」意思是只要給一點點的水，滋潤嚴重口渴的嘴唇即可。

因此，德蕾莎修女就在她的修院寫下了這句名言：

伸出你的手，做你的手所能做的每一件微小好事。

耶穌的教導中就有這樣的話，他說：「我餓了，你們給我吃；我渴了，你們給我喝；我流落異鄉，你們收留我；我赤身露體，你們給我穿；我害病，你們照顧我；我坐牢，你們來探望我。」他也說，任何人在最卑微的人身上做的，就是為耶穌所做的，這樣的人一定會得到上帝的賜福。

24　歌聲傾洩的加護病房

上帝是愛；那有了愛在他的生命裡的人
就是有上帝的生命，
而上帝在他的生命裡。
——約翰一書4章16節

有一對年輕的原住民夫妻，丈夫是卡車司機，妻子因為癌症末期而入院治療，丈夫每天下班都會來陪妻子。上班時間，就是婆婆來陪伴媳婦，全家都是很虔誠的基督徒。

婆婆來探望媳婦時，都會跟她說部落裡發生的事，也會述說許多古老的故事給媳婦聽，因為她是從其他部落嫁過來的，對這邊部落的事認識不多。除此之外，婆婆也會讀聖經給媳婦聽，每當婆婆唸一句，媳婦就跟著婆婆唸一句，然後，婆婆帶著媳婦祈禱，而媳婦也會為婆婆和丈夫的工作祈禱。

每天下午大約六點，丈夫就會帶著買好的便當，三人一起在病房裡用餐。用完晚餐，婆婆就回家休息，丈夫留下來照顧妻子。他會彈吉他哼著歌給妻子聽，也會述說今天開車遇到的事，一五一十地說給妻子聽，就好像要讓妻子感受到她就坐在副駕駛座陪著丈夫開車一樣。

日子一天天地過，妻子的病情越來越嚴重，呼吸逐漸困難起來。丈夫決定辭掉工作陪伴妻子，但妻子很不捨地對丈夫說：「這樣，家裡的收入就減少了，還有醫藥費要付。你不要辭，我自己一個人沒有問題，還有媽媽在這裡陪我。不用擔心。」

丈夫聽了對妻子說：「我可以陪伴你的時間已經不多，而且我還年輕，可以賺錢的時間還很長。錢夠用就好。家裡生活絕對沒有問題，包括你的醫藥費用都夠，不用擔心。」

有一天，妻子因為情況越來越不好，醫生決定將她送入加護病房。丈夫和婆婆一直守候著，只要開放家屬探望的時間一到，他就帶著吉他進入病房。虛弱的妻子只能微微地睜開眼，望著婆婆和丈夫，他們就開始唱妻子所熟悉的每首詩歌，然後唸聖經給她聽，最特別的，是丈夫和婆婆總是和聲歌唱，因此聽起來感覺特別不一樣。

雖然唱的歌聲很輕微，但護理人員都聽得到，感覺比醫院播放的音樂更好聽，也讓她們感動不已。有的護理人員也會抽空跑來聽，甚至有幾位護理人員因為同是基督徒，只要傳來的詩歌內容是他們也熟悉的，就跟著輕聲地唱。

結果，每當加護病房的開放時間一到，已經下班的護理人員就主動來探望這位已經相當虛弱的女病人，跟著她的丈夫唱詩歌，看著平常開卡車、外表粗獷的這位丈夫，溫柔地俯在妻子身邊，在她耳旁輕聲歌唱。每當唱完一段落，婆婆就會拿起聖經，唸經文給媳婦聽，丈夫也會跟著唸，最後所有的護理人員都一起唸。

有一位加護病房的主治醫師看見這情景，深受感動。每天下班時，他就特地留下來去看看這位女病人，握著她的手，在她耳邊說：「不用擔心醫藥費的問題。」原來這個醫生和其他護理人員都因為這對年輕夫妻的愛，深深地受到感動，他們主動掏腰包，替她買健保不給付的藥品來用，希望這種新藥對這位面臨死亡邊緣的女病人能有所幫助。

又過了一陣子，這位年輕妻子的病情越來越不樂觀，已經陷入昏迷的狀態，醫師估計剩下日子不多。丈夫懇求醫院，讓他可以多一點點時間陪伴妻子，但加護病房的主管認為這會違背管理規則。

年輕的丈夫和母親同聲說道：「就剩下沒有幾天了，我們不會吵，只是陪伴而已，十分鐘或是二十分鐘也好。」婆婆和丈夫的愛感動了加護病房的管理者，便允許了他們的請求。他們就把握時間，趕緊在病人耳邊說：「雖然你不能說話，醫護人員都說你已經進入彌留狀態了。但我們知道你還是聽得見，不用我們大聲說話，你也聽得見。所以，我們要你跟著我們一起祈禱。」

然後，婆婆依照過去的慣例，就在那多出來的一點點時間裡，一樣拿著聖經讀媳婦最喜愛的經文給她聽。丈夫也是，抓緊時間多唱幾首過去他和妻子一起唱的詩歌。丈夫每次唱，都會跟妻子說：「我知道你無法開口跟著我們唱，但只要在心裡唱，我也聽得見。」於是，他和母親兩人就又唱著詩歌給妻子聽。

每次他們的歌聲傳開來，就會有護理人員一面工作一面跟著唱。有趣的事發生了，竟然有好幾位不是基督徒的護理人員也唱起了詩歌，還主動唱給她們所照顧的病人聽，甚至還有幾位護理人員將她們長久以來聽見、也聽到會背的聖經經文，唸給她們照顧的病人聽。

漸漸地，整個加護病房就像一個小小的音樂廳，常常可以聽見護理人員在哼著詩歌，每當開放探病的時間到來，大家都會注意傾聽這對母子唱給這位年輕女病人聽的溫柔歌聲。

加護病房的主治醫師和護理長都不約而同地表示，他們在醫院工作這麼久，從來沒有看過這麼溫馨的情景。一般家屬都會大聲地對親人說些安慰或鼓舞的話，悲傷哭泣的聲音也常常可以聽到，唯獨在這間加護病房，從這位年輕的女病人住進來後，就改變了。不再聽到哭聲，而是唱詩歌的歌聲，而這些聲音確實安慰了不少心靈哀傷的家屬。

聖經有一段話很不錯，是這樣說的：「我們知道，並且相信上帝愛我們。上帝是愛；那有了愛在他的生命裡的人就是有上帝的生命，而上帝在他的生命裡。」（約翰一書4:16）

沒錯，當我們的生命有了上帝同在，即使是面對死亡，也可以不用害怕。因為這是每個人都會遇到的事，差別只是時間在上帝手中。若我們的生命有和上帝的愛連結在一起，在生命終結的那一刻來臨時，就會進入永恆的生命裡，因為上帝是永恆的。

25　街友們的聖誕節

你們卻對他說：
「平安！平安！願你們穿得暖，吃得飽！」
而不供給他們所需要的，那有甚麼用呢？
同樣，信心沒有行為就是死的。
——雅各書2章16-17節

我從初中時代就在教會參加聖誕節活動，也參加了「聖歌隊」在聖誕夜的報佳音活動。那時還屬於戒嚴時期（一九六〇年代），要報佳音都要先向警察局申請。

寒冷的十二月天，從深夜十二點開始，我和同伴們穿著聖歌隊的袍子，走路到每個會友的家去報佳音，這樣繞一圈下來，直到清晨六點才結束，非常累，累到隔天去學校上課都會打瞌睡。但我覺得那是非常神聖且有意義的事。

然後在聖誕節當天的晚上，聖歌隊在慶祝會中演唱韓德爾那首知名的〈彌賽亞〉。為了唱這首歌，我們連續練唱兩個月時間，每禮拜有兩個晚上都要去教會練唱。

到了一九七四年，換成我去教會牧會，帶領信徒們過聖誕節。直到現在，讓我感到最有意義的一次聖誕節活動，就是在二〇〇二年十二月二十五日，禮拜三的下午一點半，由台北萬華活水泉教會舉辦的「街友聖誕節聯歡會」，地點是在萬華柳鄉區民活動中心，也就是柳鄉市場樓上。該教會的吳得力牧師特地邀請我帶著會眾，一起參與這項聖誕節聯歡會的活動。

吳牧師告訴我，預估將會有三百個街友參加，因此，希望我能帶三十個志工去協助。他們也希望發給每個街友一件冬天用的背心夾克和一個便當，當時我牧養的台北東門長老教會便決定將這些經費全都承擔下來。

我在教會徵求三十名義工，很快就額滿，大家都很希望有機會參與這項有意義的工作。為了使這些義工到時能和街友們沒有距離，我還特地舉辦了一次「講習會」。

其實，說來很慚愧，我對於「街友」什麼都不懂，只不過有好幾次帶領他們做禮拜，講聖經的故事給他們聽而已。但為了辦這個講習會，我裝成好像很懂街友的樣子。我要求所有的義工，必須不化妝、不擦香水，也不戴耳環、手鐲和戒指，而手錶、錢袋之類的也不要帶，身上只要帶足夠來回家裡的車資就好，且穿著要簡單，必須是深色的長褲，以便要和他們坐在地上一起吃飯，行動也比較容易。

我也一再叮嚀大家，若是聞到他們身上有不好的味道，絕對不可以露出難看的表情或是想吐的樣子。此外，有些街友會喝酒，也可能因此發酒瘋，這些都需要特別小心。講這些都是為了消除不必要的誤會，以免發生爭吵，或是因此和街友的心拉開距離。因為我們的初衷是希望能藉此更認識他們，而能更關心他們。

當天中午我們在教會集合，有知道地點的人就自己去。大家都記得我在講習會中所吩咐的話，真的都是很簡單的裝扮，特別是許多姊妹都沒有化妝，露出她們的「素顏」，真是可愛。

當我們抵達會場時，是下午一點剛過不久。我們一到會場就開始整理場地、排椅子。一切就緒了之後，大約從二點開始，來會場的人越來越多。但奇怪的是，我們看見現場的人服裝都很整齊，男的都是穿著整潔的西裝，女的也都打扮得非常亮眼，還有人擦著鮮紅的口紅，甚至有幾位是穿著高跟鞋前來。不論男女，幾乎每個人的頭髮都有整理過。

我的第一個感覺，是以為這些陸續來到現場的人，是其它教會的兄姊，因為當天還有板橋貴格會也參與了這項聯歡會。可是我等了半天，就是等不到我認識的「街友」來。正當我在疑惑時，我看見一位很熟悉的街友，我就上前去問他：「今天不是要舉行聯歡會慶祝聖誕節嗎？大家怎麼都還沒有來呢？」

這位街友兄弟跟我說：「這些在場的絕大部分都是啊，牧師認不出來了嗎？」我聽了感到很傻眼，他們怎會都是這樣穿著整齊，又梳理過頭髮？有幾位女士還打扮得很時髦，身上散發著香水的味道；而男士們幾乎都整理過儀容，有幾位還特地穿西裝、打領帶。

這讓我們都感到驚訝不已，因為整個會場看起來，我們反而比較像街友，而他們則是更像主人。原來，他們認為一年之中最高興的事，就是有人將他們當作「貴賓」，邀請他們參加聖誕節聚會，因此，總不能在出席盛會的時候，太骯髒、隨便，對邀請他們的主人很失禮。這就是他們盛裝打扮來參加聖誕節歡樂會的原因，真是令我感動萬分。

但我還是頗為不解，他們去哪裡把身體整理得這麼乾淨、整潔？我去詢問活水泉教會的吳得力牧師，這才知道原來在兩個禮拜之前，教會請美容師每天到聚會的地方替街友整理頭髮，不論男女都有。教會也天天開放浴室給街友洗澡，特別是從十二月十日之後，浴室幾乎是從早到晚都排滿了要洗澡的街友。街友們說，他們是要參加耶穌降生的歡慶會，要迎接耶穌降生不能太隨便，要正裝、清潔身體、梳理頭髮，否則對耶穌不好意思，也很失禮。

我帶去的會友聽了吳得力牧師的解釋之後，反過來打趣我，說我讓他們比較像「街友」。另外一件讓我們這群「像街友的」感到驚訝的事，是當板橋貴格會兄姊在引領大家唱詩歌時，街友們唱得非常大聲，而那些詩歌都是我們長老教會沒有唱過的，我們這群「像街友的」不會唱，只能小聲地跟著真正的街友哼唱。當帶領唱歌的人引領眾人祈禱時，街友們也會在結束時大聲喊「阿們」，這真的叫我們這群「像街友的」感動到極點！

當下午快五點，聚會即將結束時，所有人分成十個人一組，每組都有我帶去的義工，也有板橋貴格會的兄姊加入。我們都有椅子坐，大家一起享用便當。便當的菜色很豐富，也保持著溫度，在寒冷的聖誕節前，剛好可以舒服地入口。我們一面享用便當，一面話家常，話題圍繞著他們身體有哪些地方不舒服、平常在哪裡活動、遇到最大的困難是什麼等等，我們絕口不提他們為什麼會變成街友這件事。

當大家在用餐時，我四處去看看各小組吃便當的情形。我發現，有幾位街友只吃一半就不再吃了，因此我問了其中一位，是什麼原因他沒有把便當吃完。這位街友跟我說：「今天某某某沒有來，這便當很好吃，我不知道他今晚是否有東西吃。等一下我去找他，他若是沒有吃，我就可以把這一半給他吃。」

聽到這話，我感動到掉下眼淚。然後我問第二、第三個人，幾乎都是相同的回答。他們雖然是街友，常要四處尋找食物，又常陷於饑餓之中，但他們仍然會關懷彼此、互相照顧。

吃完便當後，我們請他們去服務台領禦寒用的背心夾克，他們立刻排隊，且相當有秩序地告訴義工他們需要的型號大小。沒有人插隊，有的一領到，馬上就穿上去，面帶笑容地離開會場；有好幾位還特地來跟我握手說：「牧師，你認不出我來了，對不對？」原來是他們都梳理得非常整潔，特地要來讓我看看。

後來，吳得力牧師也來跟我握手，並分享了一位中年街友的故事：

這位街友每天都會四處去撿拾紙箱，拿去回收場變賣，再把變賣得到的錢仔細收藏起來。他經常到教會來走走看看，有一次，當他到教會的時候，正逢教會每禮拜開放兩次給街友洗澡。他聽到浴室有人大喊：「誰把瓦斯關掉啊，沒有熱水了！」他趕緊跑去察看，原來是瓦斯已經用完，他就大聲跟洗澡的街友說：「等一下，沒瓦斯了，我去叫。」

他打電話請瓦斯店趕緊送瓦斯過來。送瓦斯的人都很清楚那是街友常去的教會，瓦斯的錢要向吳得力牧師拿，不可能由街友來付。可是當送瓦斯的老闆要離開時，這位街友問老闆說：「多少錢？」老闆說他去跟吳牧師結算就好，但這位街友硬是要自己付。

老闆心想：「我看你怎麼付。」於是把發票拿給這位街友，只見這位街友伸手從褲袋裡掏出一大把銅板，一個個地算錢給瓦斯行老闆，並且跟老闆說：「發票不用了。」老闆驚訝到說不出話來，沒有第二句話，就直接說：「打五折，我們各出一半！」

聽完這個故事，我心中是滿滿的感動。這是我所經歷過、讓我迄今都無法忘記的一次聖誕節歡慶會，是和街友一起慶祝耶穌降生的活動。

這間位於萬華的活水泉教會，是由基督教內地會的宣教師開拓起來的，這種關心街友的福音事工只會花掉許多經費，若是要論教會的成長，幾乎是不可能看到什麼成長的果子，但我想起聖經中耶穌所說的這一段話：「因為我餓了，你們給我吃，渴了，你們給我喝；我流落異鄉，你們收留我；我赤身露體，你們給我穿；我害病，你們照顧我；我坐牢，你們來探望我。」（馬太福音25:35-36）

就是這麼簡單，不用什麼偉大的成就，只要拿一杯水給需要的人，提供衣服給赤身露體的人穿，探望生病的人，就足夠在末日審判來臨時有一份在天國的榮耀。

其實，耶穌並不喜歡我們用行神蹟奇事來見證福音，而是喜歡也希望我們用謙卑的心與那些被社會所疏忽的對象、苦難的生命者在一起，這就是最好的「報佳音」，也是傳遞耶穌降生的大好消息的最好方式。或許，今日的基督教會在歡慶聖誕佳節來臨時，也可以重新省思這個信仰功課吧。

26 從未喊過一聲「媽媽」的小女孩

凡實行上帝旨意的人
就是我的兄弟、姊妹，和母親。
——馬可福音3章35節

這個小女孩是在國小一年級時，來到這間位於台東縣大武鄉大竹村的「愛國蒲教會」課業輔導班。

這個小女孩第一次來到教會時，一直縮在角落，因為這是她第一次透過同學介紹而來，既生疏又害怕，不時地從角落往課輔教室內窺視著。教會的傳道者看見了，知道她很想和其他同學在一起，於是，負責課輔班事工的孫聆聆長老就走過去跟這小女孩打招呼，並且邀請她進教室來和小朋友一起寫作業、看書。

就這樣，這個小女孩開始了她在課輔班的生活，也讓她開始感受到生命中那股奇妙的溫暖與愛。

從第一次接觸她，到如同「媽媽」般一直陪伴這個小女孩的孫聆聆長老這樣說：

這個小女孩看似和其他的孩子沒什麼兩樣，實際上差別很大，因為她的原生家庭環境有很大的缺陷。記得有次課輔班在上課，我自己的孩子點點叫了我一聲「媽媽」。這小女孩聽到後，小心翼翼地在我耳邊問說：「老師，為什麼點點要叫妳『媽媽』？」

我聽她這樣說，感到相當地驚訝，便頓了一下，摸摸她的頭，輕輕地對她說：「因為點點是我的小孩，所以她會叫我『媽媽』，妳也可以叫老師『媽媽』。」然而，我發現這小女孩好像聽不太懂我的意思。

那天之後，我開始向上帝祈求，想要幫助這小女孩，讓我看見她的需要，陪伴她，且有能力幫助她。每當寒、暑假的期間，我們發現她都在外面四處遊玩，因為她的爸爸在外面打臨時工，沒有太多的時間回來陪伴這小女孩，使她只能到處找其他孩子或到別人家裡玩耍，有時甚至連續好幾天都沒洗澡。

開學時，課輔班的小朋友就會跟老師說：「她身上很臭，都沒洗澡，有頭蝨。」這時我們就會帶她到牧師館去洗澡，拿頭蝨藥幫她洗頭、清潔，並且教導她在個人生活習慣上的知識，同時告訴她在課輔班和學校該有的生活紀律。後來，乾脆要她每天課輔班下課、要回家之前，必須先在教會浴室洗完澡再回去，我們老師也會拿自己女兒的衣服給這小女孩換穿。

原來，這小女孩一出生就被媽媽拋棄了，因此，她從小就沒有所謂的「媽媽」陪在身邊，一直都是爸爸帶著。有時爸爸喝醉了，她就只能在爸爸的旁邊玩，因為她爸爸在自己的部落裡並沒有房子，只好在隔壁村子租一間小小的房子住，或是隨著打臨工的地方暫時安置。父女倆一直是在這種不穩定的情況下過日子。

直到她上了小學，有一天被同學帶到教會課輔班來，她才開始有了安定的學習及生活，下課後也不再跟著爸爸跑來跑去。

由於小女孩的成長環境沒有讓她養成良好的生活習慣，因此在一開始，她在課輔班的一舉一動的確帶給教會傳道者及老師們很大的耐心考驗。但感謝上帝的愛，大家都知道聖經的教導：「我們愛，因為上帝先愛了我們。」（約翰一書4:19）

老師們在帶這個小女孩時，最常面對的問題就是她會「偷」同學的東西。有次她可能很想要某個小朋友的筆記本，便趁機拿（偷）走了。老師知道這件事之後，為了不讓小女孩覺得自己被貼上「小偷」的標籤，就把她帶到一間小教室，輕柔地抱著她，慢慢跟她說：「我知道你不是故意的，但這樣沒有經過別人同意就拿走是不好的，老師會很傷心，你若是想要，可以跟老師說，不要隨便拿別人的東西。這件事我會告訴那個小朋友不要說出去，我也不會說出去，那你要答應我，以後絕對不要再做讓老師難過、讓同學不喜歡的事，好嗎？有什麼需要就來跟老師說。」

從這件事之後，她再也沒有拿過別人的東西了。課輔班的老師一路看著她把壞習慣一個個改掉，也逐漸和其他小朋友建立很好的互動關係，很可貴的是，小女孩的父親因為看見自己女兒越來越乾淨，且從學校得到獎狀，他從此把酒戒掉，不再喝酒了。更讓大家感到欣慰的，是小女孩的課業進步非常快，幾乎每學期都是全班成績最好的。

時間很快，一晃眼小女孩已經六年級、即將畢業了。課輔班老師特地去參加學生的畢業典禮，才發現她原來是第一名畢業，還要代表畢業生上台致詞，跟當年第一次到教會課輔班的小女孩幾乎是不同的人。

畢業典禮那天，小女孩的父親依然忙於工作，並沒有來參加，但她在台上的表現還是很穩定，她用很有自信的語調一一感謝陪伴她成長的師長們。她一下台，隨即將剛領到的獎狀交給了課輔班的老師，滿足而靦腆地笑著說，要特別感謝在她成長的過程中，課輔班的老師們有如「媽媽」般地陪伴她，她終於體會到什麼是「母親的愛」，讓她從有許多壞習慣、親友不愛的環境中，因著上帝的愛，透過教會傳道者、課輔班老師及同學的愛，使她得到愛的滋潤而成長起來。

真實的愛，可以使生命改變。從這小女孩身上，我想到耶穌說過：「凡實行上帝旨意的人就是我的兄弟、姊妹，和母親。」（馬可福音3:35）確實是這樣，因為上帝的旨意，就是愛。若是我們將上帝的愛給實踐出來，就會發現身邊隨處都有母親、兄弟、姊妹。

有一次，我的母親在台中榮總開刀，我去醫院探望，就看見我的學生陪伴在病床邊照顧。我才停留一會兒，母親就趕著我回家，說不用我看顧。後來我才知道，原來輪班看顧我母親的這群學生，都稱呼我母親為「阿嬤」，讓她感到相當窩心，好像被這些「孫子」照顧，比被我這個親生兒子照顧要好很多。我終於深切體驗到耶穌所說「兄弟、姊妹和母親」的意思。

這也使我想起自己的一位親人，他們夫婦在台中工作，兩人沒有生兒育女，卻決定購買一棟四層樓的透天厝，我起先不清楚只有夫妻兩個人，怎麼會想要買這樣大的房子？後來才逐漸知道他們夫婦二人的用心，就是要實踐耶穌的教導，讓鄰近幾所大學，包括東海、靜宜、弘光護專等學生，都感受到上帝的愛。

每到週末，他們就招呼學校團契的學生去他們的家，一起享用午餐，然後帶他們互相分享過去一禮拜中學校生活的點滴，以及信仰上遇到的問題。有時也帶他們看電影，一起討論電影的內容，但都會固定帶他們讀聖經、祈禱。之後，就和學生一起煮晚餐。之後，夫妻就帶這群學生去鄰近教會參加詩班，好在隔天禮拜日一起去敬拜。禮拜六晚上，學生可以回自己的宿舍住，或是在他們家過夜也沒有問題。

平日他們夫婦在家時，經常有學生來找他們，把他們當成自己的兄姊一般。有的學生找他們詢問感情的問題、和父母之間的問題，或是學校課業的問題，他們也會給予建議。學生回家時，都會談到這對夫妻對他們的照顧。他們夫妻有時候回鄉探望父母，也會順路去探望學生的家長。漸漸地，學生的父母都知道他們的孩子有一對可靠的「兄姊」在照顧著。

學生畢業了，就有新的學生加入。就這樣，經過了三十多年，他們夫婦照顧過的學生已經超過好幾百個，也從「兄姊」升級到「爸媽」。到這些畢業生結婚生子，帶著孩子來拜訪他們夫婦時，都稱他們為「阿公、阿嬤」了。

有一次，我們家族聚會，我就告訴他們夫妻，說他們是全家族中最會「生」的夫妻，至少生了超過一百個孩子。而且孩子生下來就已經「上大學」了，既不用買奶粉，不用去安親班，不用繳交學雜費，也不用擔心孩子生病要送醫院等等，真是賺足了。直到現在，只要這對夫妻一號召，這群他們照顧過的畢業生都會排除萬難、前來相聚。

他們聽了我這樣說，只是笑笑地回我說：「其實，我們什麼事都沒有做，只是想到週末到了，讓這些學生放輕鬆到家裡來聊聊，也堅固一下他們的信仰，不要因為課業忙碌而忘了生命中最重要的就是信仰，因為這才是真實的幫助力量，可以陪伴一生的時間。我們只是將這樣子的理念給實踐出來罷了。」

我們的社會一再發生兒童被父母遺棄的事件，更多的是備受虐待或是疏於照顧等，這些都會在孩子心中產生一股怨氣，隨著他們的成長而積壓更沉重。有一天，當他們又遇到挫折時，就會爆發出來而帶來更多的傷害。

也有的父母只生一、兩個孩子，因為家庭經濟優渥，往往過度溺愛，結果孩子常因此分不清楚什麼是「可」或是「不可」，也就是所謂「沒有辨別是非的能力」。看起來好像受過高等教育，卻常在善惡的辨別能力上很低落，這真的是非常可惜的事。

我一直在想：像是前面提到的小女孩那樣，因為家庭貧困而欠缺「媽媽的愛」的孩子，我們若是能分一點愛給這樣的孩子，不要只停留在自己孩子身上，甚至鼓勵我們的孩子成為這種孩子的朋友，對孩子的成長一定更有意義，孩子也會知道生命成熟的可貴。這樣一來，我們的社會也會充滿更多溫馨的力量。

27　一條腿的幫助沒有腿的

孩子們，我們的愛不應該只是口頭上的愛，
必須是真實的愛，用行為證明出來！
——約翰一書3章18節

這是發生在台南縣一所國民小學的真實故事。

范裕熙是一個右腳患有小兒麻痺症的小孩。他父親為了讓他能夠自立，特地去買了一台經過特殊加工的腳踏車，並且花時間教他學會怎樣保持身體平衡，騎腳踏車才不會摔倒。

這位父親知道不能因為孩子有一腳不便，就讓家人或是別人每天載著他進進出出，總要讓孩子學習長大、站立起來才可以。裕熙也知道父親的用意，每天都很認真地學習，很快就學會了騎腳踏車。

為了讓裕熙進一步自立，裕熙的父親還教他修理腳踏車一般常見的問題，例如落鍊了要怎樣重新掛上去，或是煞車線斷了要用什麼方式接好。就這樣，從國小一年級開始，裕熙每天都騎腳踏車自己上學去，車子出問題了他也能自行處理。父母看見裕熙臉上的笑容越來越多，也很欣慰孩子不用依賴別人。

裕熙每天都很快樂地去上學，也很準時地回家。但有一天放學時，他到車棚卻找不到自己的腳踏車，非常難過，便哭了起來。學校老師聽見了，問他發生什麼事，他卻不講，只說要打電話給他爸爸。老師帶他到辦公室去打電話，裕熙在電話中要爸爸趕快到學校來，說自己不能回家。

他爸爸一聽到裕熙說不能回家，感到相當驚訝又焦急，趕緊騎摩托車到學校去了解狀況，這才知道裕熙的腳踏車不見了。他父親非常生氣，質問老師怎麼連放在學校車棚裡的腳踏車都會被偷走。

父親會如此生氣，是因為裕熙若沒有腳踏車，就必須走半小時以上的路程才能到家，而他的一隻腳行動有困難，走路不能像一般孩子那樣快速穩健，這對腳有殘障的孩子來說，是很痛苦的事。

老師們不知道該如何交待，趕緊通知校長前來，校長知道裕熙的情況後，也感到非常抱歉，連忙說他可以騎摩托車載裕熙回家，但裕熙的父親說「不用」，因為他就是騎摩托車來的。

當父親拉著裕熙的手，要用摩托車載他回家時，裕熙卻說什麼也不肯上車，掙脫了父親的手，又哭了起來。幾個在場的大人都感到相當奇怪，父親連忙問他到底是怎麼一回事，校長跟級任導師也跟著說安慰的話，但裕熙就是不肯說是什麼原因。

眾人束手無策，他父親只好說：「你再繼續哭，我就不買新的腳踏車給你了。」裕熙聽到這話，才緩緩地抬起頭說：「爸爸，你先載我同學良吉仔回去，之後再來載我，這樣可不可以？」父親不解地問：「為什麼？良吉仔可以自己回去啊，或是請他的家人來載他啊。」

裕熙這時才說：「不是啦，良吉仔的腳也跟我一樣，不能走太遠的路。他比我更需要幫忙，因為他的雙腳都不能挺直地走。以前都是我每天騎車到他家載他來學校，然後再載他回去。今天車子掉了，我就不能載他回家了，麻煩爸爸先載他回去，我在這裡等，送完他後，你再回來載我。」

聽到裕熙這樣說，他父親非常感動，原來自己的孩子這麼有愛心，他也同時感到意外，因為他從來沒有聽裕熙提過這件事。他趕緊跑到裕熙所說的教室去找良吉仔，那是一棟三層樓的教室，每次都是裕熙去大樓前面大聲叫良吉仔，良吉仔才慢慢地從三樓一階階地走下樓來。

果然，當裕熙的父親跑到三樓叫良吉仔時，他還在教室等候裕熙，班上的同學幾乎都已經回家去了，教室裡只剩下幾個同學還在等家人來接送。

裕熙的父親看到良吉仔時，一眼就看出他雙腳都已因為麻痺而萎縮、彎曲得很嚴重，雙腳都穿著鐵鞋，走起路來一拐一拐地，需要很用力。裕熙的父親見狀，心想：學校怎麼會這麼殘忍，明明知道低年級的學生中有這種行動不便的學生，為什麼還將這班的教室分配到三樓去？真是有夠「夭壽」的。

裕熙的父親看不下去，就彎下腰來要揹良吉仔下樓。沒想到良吉仔跟他說：「阿伯，不用啦，我可以自己下樓，沒有問題。我每天都是這樣子下來的，真的沒有問題啦。」裕熙的父親說：「這要下三樓，很累的。讓我來揹你。」良吉仔回說：「不會啦，我已經自己爬上爬下一年多了。沒有什麼問題的，只是慢了些而已。阿伯，你可以先下去。請不用擔心。」

就這樣，良吉仔一拐一拐慢慢地走下樓，裕熙的父親一路緊隨著他，深怕他會跌倒。他們用很慢的速度，緩緩地走到裕熙那裡。直到這時，良吉仔才知道裕熙的腳踏車被偷了。

裕熙的父親一看見校長和導師，就忍不住破口大罵，責備他們明知道有這樣的學生，卻不知道要體貼，讓學生每天這樣辛苦地上下樓。校長和導師都感到很慚愧，馬上說明天就改換過來。

也在這時，裕熙的父親更深切地知道，自己的兒子是一條腿殘障，良吉仔卻是雙腳都殘障，四肢健全的校長、老師沒有為這樣的學生提供任何幫助，而自己一腳殘障的孩子卻知道要幫助雙腳都殘障的同學，這使他這個當父親的深深受到感動，眼淚都快流出來了。他一面鼓勵良吉仔要勇敢，也一面感到相當欣慰和驕傲，知道自己的孩子雖然身體有殘缺，卻有著一顆慈悲的心。

養育孩子的方法很多，有的人給孩子豐富的物質生活，卻沒有給孩子圓滿的心靈生活；有的人給孩子學習很多新的科技知識和升學常識，卻甚少教導孩子對身邊遭受苦難的人多一份慈悲憐憫的心。

結果就是，豐富的物質生活往往使孩子學會了浪費、奢侈，卻體會不出貧困人家生活的疾苦和需要。雖然讓孩子學到許多新的知識和技能，但往往因為欠缺心靈生活的培養，那份疼惜、憐憫他人的心，也隨著年歲的增添而相對地貧乏、枯萎，導致年歲越大，對苦難生命出現在眼前的情況是越來越冷漠，到頭來，連對於養育他的父母、照顧過他的親友，都甚少懷有感恩和憐恤的心。

我們豈不常聽到學校有霸凌的事發生？就是和這種心態有密切關係，甚至一再聽到有人虐狗、虐貓等等，這些都在說明家庭教育的失焦和錯誤。會有霸凌的事發生，其實就是跟學校教育有密切關係。

我一直記得自己的孩子在鄉下讀國民小學時，老師非常用心，每當放學時，就會把幾位父母特別重視孩子學習狀況的學生留下來，同時也將幾位家庭失去功能的孩子留下來，然後安排這兩種學生坐在一起，在放學後留下來寫功課，要這些父母會關心、重視的孩子，幫助那些家庭失去功能的孩子把作業寫完，因為這些孩子回到家裡，就不可能有時間或是會專注學校作業了。

在此同時，老師也會在教室裡，一邊陪伴學生，一邊批改作業。因為這樣，同學之間彼此都有很好的互動，且成為很好的同學，遊玩在一起、讀書也在一起。這是一份小小的愛，卻可幫助孩子成長得更成熟。

後來我因工作關係，換到比較都會型的教會，孩子也跟著換了一所學校。在這所學校中，孩子的經驗和之前完全不同，這讓我和我的孩子都受到很大的衝擊。

有一天，我那個讀國小二年級的孩子在放學後，從學校哭著回來。我問他發生什麼事，他告訴我說，老師要他打電話給班上一位同學的媽媽，要這位媽媽把孩子轉到別班去，因為這位同學都不寫作業。我的孩子不敢拒絕老師的命令，只好去辦公室打電話，但這樣的行為跟他在之前學校中學習到的互相幫助的經驗大大不同，讓他覺得既難過又委屈。

這位老師的教導是非常錯誤的。後來，我去學校找這位老師談這件事，我認為老師的觀念有問題，講完之後，老師才跟我說「對不起」。

聖經中很清楚有這樣的教導：一個人若是會用真實的心去愛別人，在這個人的身上就看見上帝的形像，在這個人的身上就會有真理。因為上帝就是愛，而愛，就是真理的記號。

讓我們的孩子學習怎樣與需要的人分享，遠比給孩子豐富的物質卻不會分享更重要；讓我們的孩子學會關心別人的欠缺，遠勝過學習多樣的才藝。幫助我們的孩子學習將愛分享出去，這樣一來，在他們的生命中，很自然地就會有愛孕育成長起來。

當我們的孩子從小就學會「彼此相愛」，這就是在幫助孩子的心靈成長得更完美。這種功課在北歐國家的國小校園裡是非常重要、且是處處可見的，因為他們認為讓小學生學會彼此相愛，就是在見證真理的要義。

28 傳遞真實之愛的拉麵店

沒有人看見過上帝，但我們若彼此相愛，
上帝就在我們的生命裡，
而他的愛藉著我們完全實現了。
——約翰一書4章12節

一九八六年七月，我受邀到日本東京的一場靈修會去演講，靈修會結束後，負責接待的張清庚牧師帶我們夫婦一起去一家拉麵店用餐。這家店的外觀看起來很不起眼，招牌上簡單地寫著「中華拉麵」。

要去之前，張清庚牧師告訴我這家「中華拉麵店」的老闆陳先生的故事。故事是這樣子的：

陳先生是台南人，長榮中學畢業後，去日本讀大學。當時因為「二二八事件」的關係，許多從日本讀書回來的台灣菁英都成為政府追緝的對象，陳先生知道自己可能避免不了，便決定逃離出去。

他回到了過去讀書的地方——東京。那時是戰後沒多久，整個東京是一片殘破的景象，街頭到處可看見流浪的兒童、少年，因為他們的家已經被炸彈毀掉，當兵的父親在戰爭中死去，母親和親人也都被炸彈炸死，他們已經無家可歸，也沒有人可以依靠了。大家都在街頭尋找可吃的食物，也有不少人因為餓到無法支撐而倒在路邊。

陳先生說，這種景象真的很像〈耶利米哀歌〉（耶肋米亞）的詩人所說的：「他們讓嬰兒飢渴而死；兒童求食物，沒有人給他們。」（4:4）

陳先生覺得自己既然在這裡避難，就有責任救助這些在街上尋找食物的孩子。於是他到街上去，只要看見年紀大約在十三歲以上的孩子，特別是身體有異樣的，他就會特別注意，將他們帶回到他開的「中華拉麵店」裡。

一開始，他只帶回四、五人，因為他的店鋪很小，最多只能容納五個孩子。他告訴這些孩子，先把身體洗乾淨，晚上就將桌子併在一起當作床鋪睡覺。若是還有家可歸的，可以回家去睡，隔天上午九點前再回店裡工作。

事情就這樣開始。因為當時物資相當缺乏，因此，他每天供應兩餐給這些孩子，教導他們從清潔店鋪做起，也教他們怎樣招呼客人、怎樣端湯麵給客人。等孩子逐漸穩定下來，他親自帶孩子輪流到廚房工作，教他們怎樣辨識碗盤的記號、清洗餐具，還教他們怎樣煮出美味的湯麵。

他的麵店很簡單，菜單上只有三種麵，價錢各自不同，因此他也教導孩子怎樣找客人的錢。這看來似乎相當簡單，但因為他收留的孩子都是腦袋有殘缺的，教起來可就不是那麼容易了。

這些孩子的身體幾乎都有異樣，五個當中有三、四個是有腦性麻痺的，有一、兩個是手臂或是腳受傷而殘缺的。訓練的第一課，就是端碗盤，這是非常重要的功課，但因為孩子們的身體都有異狀，光是要把整碗湯麵好好地端給客人就很不容易了。

有的孩子才剛把麵端出來，就因為口水滴到碗裡而不能再給客人食用，但陳先生沒有責罵孩子，而是先向客人道歉，然後寫個紙條把這碗麵標示出來，留給這孩子自己吃，接著趕快再去煮一碗麵，再次教導孩子端去給客人，這時孩子就知道要注意口水的問題。

有時孩子的動作不是很穩定，時常發生湯麵還沒有端到客人面前，就整碗倒在地上的狀況；更糟糕的，是方向沒有控制好，不但將整碗麵倒在桌上，麵湯還淋在客人身上，把孩子自己也嚇哭了。此時，陳先生就趕緊跑來跟客人賠不是。

他很清楚這不是孩子故意的，而是因為孩子還在學習穩定自己的手腳。打從決定收留這樣的孩子來店裡工作起，他就知道這種事一定會一再發生。因此，他準備了好幾套乾淨的衣服，讓客人可以隨即替換，並承諾客人會仔細地清洗衣服，等洗好之後一定馬上送還。

剛開始，這些客人還不太能適應，但一、兩次之後，看見陳先生對這些身體有異樣的孩子是這樣地體貼、憐恤、鼓勵，他們就都稱讚陳先生的愛心，當他們知道原來陳先生是特地收容這些孩子時，更是感動。於是，有很多客人主動揪團來吃拉麵，不但這樣，在看見孩子們很小心、很慢地端著麵碗到客人桌上時，還會給予鼓掌，表示肯定和鼓勵。

就這樣，孩子們越做越有信心，臉上顯露出來的笑容也越來越多。有許多客人會跟孩子們說：「錢不用找了。」有些客人若是被孩子端的湯麵淋到衣服，或是看見孩子流口水到湯麵裡，他們都會再加買一碗，說是要買給孩子吃的。這時候，陳先生都會說：「我有準備，不用了，謝謝。」客人也會回說：「這是應該的，他們都有在進步，應該有賞。」

這些孩子在陳先生的「中華拉麵店」工作，到了第三年時，幾乎個個都是老手，沒有人會再流口水到碗裡，也不會再發生湯麵倒在客人桌上或身上的事了。這時，陳先生就會寫信給東京的其他餐廳，把這些孩子的情形說明清楚，也介紹他所做的這些微小的事。他希望這些餐廳可以收留這些孩子，讓這些孩子持續成長。

有不少餐廳表示願意接受，他就將這些已經能夠穩定工作的孩子送去那些餐廳工作。當他送走一批後，又再收一批進來。很多人聽到他所做的事，就開始有人帶著腦性麻痺或是手腳有殘缺的孩子來找他，有些是鄰近地方來的，有些甚至是遠從名古屋、大阪、四國等地而來。他因為店面小，一次頂多只能收容五個孩子，因此，他都會留下這些孩子父母的聯絡電話，一有空缺，就會主動聯繫。

每過兩年或三年，他就送一批孩子到各個餐廳工作，後來有些飯店聽到他的故事，也表示願意收容這樣的孩子。就這樣，有越來越多的餐廳、飯店都在等他訓練這樣的孩子。

值得我們注意的，就是陳先生給這些孩子的待遇，比一般當時商店的店員都要好很多，他也把客人買給孩子的一碗麵的錢都存在孩子的基金專戶裡，等兩年或三年後孩子學成要離開時，就分配給他們。而同樣讓我們感動的，是這些餐廳、飯店受到陳先生的感召，都會主動跟陳先生聯繫，並表示會給孩子比陳先生更好的待遇。他們說：「這些孩子是無辜的，他們所受的苦難，我們要負責。因此，多給他們薪水，不是什麼愛心，算是一種贖罪的方式吧！」

接下來幾年，日本重建的速度越來越快，城市開始熱鬧繁榮起來，餐廳越來越多，大飯店也陸續興建。但陳先生開的「中華拉麵店」一點也沒有被新開的餐廳、飯店所影響，生意是越來越好，來店裡吃拉麵的人往往還要排隊等候。客人都知道這是一間專門幫助在戰火下受難孩子的拉麵店，有不少客人都學會了自己吃一碗，又買一碗送給這些孩子。陳先生也讓客人知道：不是他一個人在照顧這些腦性麻痺或手腳有殘缺的孩子，而是所有「食客」都參與了這項有意義的救助工作。

一九八六年五月，日本天皇聽到陳先生所做的事，甚為感動，在皇宮召見陳先生，親自代表日本人感謝他在日本那個破碎的年代，伸手幫助了許多因為戰爭而受到殘害的孩子。這件事被報導出來後，「中華拉麵店」的生意更是好到不得了，過去還有桌子椅子可以坐著吃，現在只有桌子、沒有椅子，客人只能站著吃，因為門外排隊的人更多，大家都是吃完後馬上離開。其實，這些來吃拉麵的客人只想要表達一點：謝謝陳先生！

張清庚牧師帶我去「中華拉麵店」時，特地選在人少的下午時段。張清庚牧師先去廚房找陳先生，說要介紹我們認識。陳先生一出來，我就跟他說：「您真的很不簡單，做了一件很有意義的事。」

陳先生卻這樣回答我：「沒有什麼，我只不過是拿了一塊乾淨的布，將上帝創造我們的那個原本美麗，卻被這個世界弄汙濁了的形象，擦拭乾淨而已！」

我聽了之後，深受感動。

〈創世記〉一章二十六節說，上帝是用祂的形象造人，而這形象原本是代表著上帝的愛。這也是為什麼聖經的作者會說：「沒有人看見過上帝，但我們若彼此相愛，上帝就在我們的生命裡，而他的愛藉著我們完全實現了。」（約翰一書4:12）

真的是這樣，因為上帝是愛，有愛的地方，就可以看見上帝。

陳先生所做的事，表面上看起來沒有什麼，其實非常不簡單，從一九四七年到一九八六年，前後四十年時間，一直關心著在戰爭烽火下殘障的孩子，而且還是外國的孩子。這就是愛，這才是基督宗教信仰所要傳遞的愛。

29　一個貧窮鞋匠所能付出的愛

因為我餓了，你們給我吃，渴了，你們給我喝；
我害病，你們照顧我；我坐牢，你們來探望我。
——馬太福音25章35-36節

俄國大文豪托爾斯泰曾寫過一篇短篇小說，就是〈鞋匠馬丁〉，這是我很喜歡的故事之一，它的寓意非常美好，也是當今社會十分需要的心靈力量。

故事是說有一個名叫馬丁的鞋匠，夫婦兩個都從事擦拭、修補和縫製皮鞋的工作。馬丁有個習慣，就是喜歡喝酒。其實，這在俄國是非常普遍的生活習慣，因為那裡非常寒冷。

有一天，外面下著雪，馬丁的妻子跟他說，家裡已經沒有麵粉可以做餅了，要馬丁去市場買麵粉回來。妻子拿錢給他的時候，特別叮嚀他一定不可以買酒，一再吩咐這是家裡僅有的錢了。馬丁回答說「知道了」，便拿著袋子出門去。

路經禮拜堂時，馬丁看見禮拜堂的大門緊閉著，有個人靠坐在門邊地上，身上穿著很少的衣服，雙手緊抱在胸前，一直在發抖。

馬丁發覺這人的狀態不對勁，就上前問說：「兄弟，你是怎麼了？」這個人說：「我是乞丐，已經好幾天乞討不到任何食物，今天又是大風雪，我想到教堂裡面看是否可以避寒一下，但沒有想到這裡的門是關著的，打不開。我現在又餓又冷，但也沒有辦法。」

馬丁聽了之後，馬上生出憐憫的心，就把自己身上的大外套脫下來蓋在這個乞丐身上，告訴乞丐說：「兄弟，這衣服先給您禦寒一下，你在這裡等，千萬不要離開。我馬上就會回來。」

馬丁跑去買了一瓶酒，又跑回來找這個乞丐。他自己喝了一口，就馬上把酒瓶拿給這乞丐，說：「來，先喝一口禦寒再說。」兩人輪流喝著酒，身體溫暖了許多，乞丐原本蒼白的臉色逐漸紅潤起來。馬丁又吩咐乞丐說：「你不要離開，這酒拿著，我去買個麵粉，馬上就回來帶你回我家去。請答應我，一定不要離開。」

這乞丐雖然一直發著抖，但還是鄭重地回答馬丁說：「我知道了，我會在這裡，不會離開，直到你回來。謝謝你給我這件可以禦寒的大衣。」

馬丁趕緊又跑回市場，把剩下的錢都買了麵粉，然後又跑回禮拜堂門口。他看見乞丐果然還在等他，就帶著乞丐回家去。兩個人在路上有說有笑，馬丁還對乞丐說，到家之前，一定要把酒喝完，否則他妻子會生氣。

兩人回到馬丁的家，馬丁的妻子一打開門，雖然沒看到酒瓶，卻聞到一股濃濃的酒味，讓她簡直無法忍受。她開口大罵馬丁沒有聽她的話，明明交代這樣清楚，卻還是去買酒喝。這還不打緊，當她看到馬丁身邊有一個看起來就像是乞丐的男人，身上也充滿一股酒味時，更是忿怒到極點，立刻轉身往廚房走去，完全不理會馬丁，對乞丐更是連一眼也沒有看。

馬丁帶著乞丐到壁爐旁去烤火取暖，乞丐低著頭對馬丁說：「非常對不起，害你被太太罵。」但馬丁一點也不以為意，反而問乞丐說：「你會做什麼事？」這乞丐回答說：「我就是什麼都不會，才當乞丐討生活。」

馬丁沒有露出半點嫌棄的樣子，而是告訴乞丐可以留下來幫他做事；當他修補完鞋子後，乞丐就可以幫他擦拭鞋子。乞丐說：「這樣很好。你告訴我怎樣擦就是。」馬丁仔細教導乞丐，而乞丐也很認真地學著，鞋子一雙雙地擦。

很自然地，乞丐在馬丁的家住了下來，馬丁也拿自己的衣服給乞丐穿。馬丁的妻子起先幾天還是很生氣，吃飯都不給好的臉色。晚上睡覺時，這乞丐跟馬丁說他不習慣睡床，讓他躺臥在壁爐邊即可。

就這樣過了兩個禮拜，馬丁夫妻修補、縫製的皮鞋，都是由乞丐負責擦拭。說也奇怪，每雙被乞丐擦過的鞋子，都被鞋子的主人稱讚不已。於是街頭巷尾都說馬丁夫妻的技術進步很多，經他們之手的鞋子都非常好穿又亮麗。

某個暴風雪的晚上，突然有人很大力地敲著馬丁家裡的門，馬丁去開門之後，嚇了一跳，因為來敲門的是一位貴族。這位貴族對馬丁說：「街上大家都在傳，說你縫製皮鞋的技術很好，擦拭的皮鞋也最亮麗。再過一個禮拜，我們全家受國王邀請，要進皇宮去參加宴席。我和妻子、兒女共計十二個人，都要換上新的鞋子。你若能在一個禮拜內替我們縫製十二雙皮鞋，我會給你們三倍的酬金。但若是沒有完成，我不會原諒你們。」

馬丁和妻子正想開口說「這麼短的時間真的沒有辦法」時，站在馬丁身後的乞丐突然說：「沒有問題。」這位貴族一聽，馬上接口說：「那非常好。」隨即轉身到門外，叫兩輛馬車上的人都下來，進屋裡來量腳的尺寸。

馬丁和他妻子臉色都變了，尤其是妻子，非常忿怒地瞪著那乞丐，對馬丁說：「都是你幹的好事，這下子，我們非死不可了。想想看，一個禮拜要怎樣縫製十二雙皮鞋？」然後她對乞丐說：「你以為你是誰啊！你除了擦皮鞋，還會什麼？我們要被你害死了！」

這時，貴族全家大小都走了進來。馬丁和他的妻子兩人含著眼淚，很不情願地拿出紙板鋪在地上，開始幫他們量尺寸，乞丐則是站在旁邊一語不發。全都量好後，貴族再次叮嚀，他一個禮拜後會再來，要馬丁記住，非完成不可。

送走貴族後，馬丁的妻子一邊哭，一邊罵乞丐，也罵馬丁。馬丁沒有說話，乞丐則是低著頭，一副若有所思的樣子。

接下來的幾天，馬丁夫妻日夜不停地縫製皮鞋，累了，就在火爐旁邊躺下來睡覺，醒了就繼續做，幾乎沒有休息過。乞丐也忙得停不下來，每當他們縫好一雙鞋子，他就馬上開始擦拭，擦完之後還要仔細檢視和整理一番。他們吃飯、休息的時間變得越來越短，但誰也沒有再多說什麼，他們的心中只有一件事：無論如何一定要完成，否則只有死路一條，因為貴族絕對不會放過他們。

日子一天天過去，到了第七天的黃昏時刻，他們終於縫製完最後一雙鞋子，交給乞丐擦拭。在乞丐還在擦鞋子時，馬丁夫妻檢視著一雙雙製作完成的鞋子，那種拿在手上的觸感，和平常特別不一樣。夫妻兩人的眼睛對視著，心中有一股說不出來的滿足感。

就在此時，他們又聽到有人大力敲著門，是貴族來了。貴族問說：「鞋子好了嗎？」馬丁點頭說：「好了。」貴族非常高興，立刻叫全家的人都進來試穿，結果，每個人都非常滿意。

貴族拿出一包錢給馬丁，對他們夫妻說：「謝謝你們，今天晚上我們可以穿上新鞋子去參加國王的宴席了。這是要謝謝你們的酬金。我知道你們這段時間一定很拼，因為我找過好幾個鞋匠，他們都說不可能，只有你們說『沒有問題』。因此，我決定給你們四倍的酬金。」說完，他就帶著家人離開了。

馬丁和他妻子流下了感動的淚水，緊緊地相擁在一起。然後馬丁走到坐在壁爐旁的乞丐身旁，蹲下去跟他說：「真謝謝你，我知道因為有你，我們才能完成這項艱困的工作，這四倍酬金，也是打從我當鞋匠以來未曾有過的收入。真的太感謝你了。」

說完，馬丁拿出一些錢要給這乞丐，乞丐卻說：「我不能收下你的錢，你們已經給我吃、給我喝、給我住，又給我衣服穿，我這樣已經足夠了。真的非常謝謝你們。何況，現在也是我該回家的時候了。」

馬丁聽了就說：「你要回家？你是乞丐，哪裡有家？繼續住下來，我們需要你幫忙擦皮鞋。我可以教你怎樣打版和剪裁，以後你也可以縫製皮鞋，就不用再當乞丐了。」他的妻子也附和他說：「對啊，你哪裡有家？你看你只會亂講話，還替我們跟貴族說『沒有問題』，還好完成了，否則你那句話真的會害死我們。你還是留下來吧！我去拿酒，今天我們要好好慶祝一下。」

乞丐站了起來，跟他們說：「我真的要回去，我的家在天上，我是天使，是上帝差派我到世界上來查訪，看看有哪些人真的將耶穌的教導給實踐出來的。現在我的使命已經完成了，所以，我必須回天上去向上帝報告。」

馬丁夫婦聽了之後，完全不相信乞丐的話，還擔心是乞丐的腦子出了問題，更堅持要他留下來。

但就在這時，乞丐的背後突然展開一對翅膀，臉上也散發光芒。他對馬丁夫婦微笑著點點頭，向門口走去。馬丁的妻子嚇得跪在地上，一面看著天使一面哭著說：「請你原諒我，我過去罵你，用不好的態度對待你。請你到上帝那裡的時候，不要跟上帝說我欺負你、罵你。」

天使笑著，逐漸消失在他們眼前。故事就這樣結束了。

托爾斯泰的這篇小說，是根據耶穌教導的話撰寫出來的。耶穌說過這樣的教導：

「因為我餓了，你們給我吃，渴了，你們給我喝；我流落異鄉，你們收留我；我赤身露體，你們給我穿；我害病，你們照顧我；我坐牢，你們來探望我。」（馬太福音25:35-36）耶穌說，會這樣做的人，就是蒙上帝賜福的人，會被上帝邀請「來承受從創世以來」就為這種人預備好的國度。

我們在生活中，千萬不要去輕看那些卑微、貧窮、困苦的人，這樣的人是上帝派到我們身邊的天使，讓我們學習、反省自己，並且時時提醒自己，要努力活出耶穌的教導與精神。

30 沒有哭過的人，無法拭去別人的淚水

要愛自己的鄰人，像愛自己一樣。

——利未記19章18節

台灣有很多人喜歡去日本長崎旅遊，而導遊絕對不會疏忽的一個重要景點，就是「原爆資料館」，那確實是個應該參訪的地方。在那附近，有一間和遠藤周作的作品《沉默》有關的「日本二十六聖人紀念館」也是必訪之處。此外，還有一個很值得去參觀、卻甚少有台灣旅客知道的地方，就是永井隆博士的紀念館——如己堂。

我曾帶著教會松年團契一行人到該館訪問，當時的接待者正是永井隆博士的兒子。他聽到我們是來自台灣的旅行團時，第一句話就是說：「這是第一次有台灣的旅行團來參觀！」於是把我們當作稀客般地熱情接待。前年，我再度帶查經班的兄姊去參訪，現在那裡已經換成永井隆博士的孫子負責看管了。

取名「如己堂」，顧名思義，就是「愛人如

己」的意思，這是舊約聖經〈利未記〉（肋未紀）十九章十八節的教誨：「要愛自己的鄰人，像愛自己的一樣。我是上主。」這是摩西轉達上帝給以色列人民的教導，要他們不僅要愛上帝，也要愛別人如同愛自己一樣。

這間「如己堂」是為了紀念當時一位在長崎醫科大學放射科教書的永井隆博士。他是一九〇八年二月三日出生於日本島根縣，自長崎醫科大學畢業後，從事放射線醫學的治療和研究，他同時也是一位虔誠的天主教徒。

在他那時代，放射科的醫療室並沒有像今天那樣設備周全。因為長時間投入在放射科的工作，他後來被診斷出患了「白血病」，也就是我們今天所說的「血癌」。醫生跟他說存活的時間已經不多。而當他將檢查結果告訴妻子時，他妻子並沒有什麼特別反應，他說自己長期從事這種危險的工作，很可能妻子早就做好心理準備了。

一九四五年八月八日一大早，永井隆的妻子跟往常一樣，替他準備便當，然後送他出門上班，卻沒有想到當他正要離開家門時，他妻子突然大聲哭了起來。永井隆在日記上寫道：「這可能在表示我們將會永遠別離吧。」當天他必須在研究室值班，因此，那天他沒有回家。

隔天，美軍在日本投下第二顆原子彈，地點就是在長崎，第一顆是在八月六日投在廣島。

雖然永井隆是在實驗室，原子彈的爆炸威力之大，還是讓他受到不小的傷害。就在這時，他突然看見妻子的身影出現在眼前，但他還來不及多想這代表了什麼意思，就趕緊和其他的醫護人員衝到街上幫忙救助傷患。結果，因為都沒有休息，五個小時後，他就因為流血過多而倒在廢墟裡。

他說，到這時都沒看見妻子出現，想來已經因為原子彈爆炸而去世了。否則以他對他妻子的了解，若是沒有死，就算身受重傷，只剩下一點點力氣，她也會想辦法出來救助別人，或是扛著受傷的人去醫院找他，以前美軍前來轟炸時，她一直都是這樣做的。

就這樣，整整有三天時間，他都在校園裡救助受傷的學生，等一切大致就緒之後，他才回到家去。這時，出現在他眼前的，是已經成為一片廢墟的家，他走到廚房，看見一塊大大的「黑物」，蹲下去仔細一看，是一堆骨骸，還有妻子平時祈禱用的十字架也燒毀在骨骸旁邊。他終於確定妻子已經死去。他的兩個孩子都在學校躲在防空洞裡，因而存活了下來。

永井隆雖然自己也深受原子彈輻射之害，卻繼續每天都四處去救助災民，並將原爆受害病人的病情與醫治狀況，非常詳細地記錄下來，後來發表了一份相當重要的醫學文獻《原子病研究報告書》。這也是全世界第一份有關原子彈輻射傷害的醫學報告，對當今世界醫學史有極大的貢獻。

他同時也發表了關於長崎原子彈爆炸後有何影響的醫學研究，以及記錄他搶救病患時的所見所聞，陸續完成《長崎之鐘》、《留下這孩子》、《和平之鐘》……等十幾本書。而他在撰寫這些書籍報告時，人已經無法站立起來，是側躺在臥鋪上，一字一字寫下來的。

當原子彈爆炸時，他聽到那震耳欲聾的可怕爆炸聲，出來一看，就知道那是大災難的來臨。但他並沒有因此跑回家，而是加入了救助傷患和病人的行列。在那段幾乎沒有生機的黑暗時期，他救治病患的故事陸續傳開，受原爆之害的病人一個接一個不停地送到他的身邊。

當時，他其實已經病倒了，但他不但沒空照顧自己，妻子喪生後還留下兩個幼齡孩子需要他照顧。即使如此，他從不曾對那些前來求診的病人說「不」，而是繼續為所有他接觸到的每一個病人診治。在那段苦難的日子裡，他沒有哀痛、呻吟，而是帶著笑容去醫治那些同樣受到原爆創傷的人，鼓勵他們要勇敢地活下去。他和兩個孩子一起睡在一間僅兩坪大的房子裡，他也一再叮嚀兒女，將來一定要用全部生命之力去推動和平救人的工作。

一九五一年五月一日，他卸下了生命的負擔，當時年僅四十三歲。他留下一段很值得深思的話：

最深刻的愛，是從痛苦的體驗中生長出來的。沒有哭泣過的人，無法拭去別人痛苦的淚水。

對於原子彈在長崎的爆炸，永井隆語重心長地說：「這是讓長崎替日本贖罪的一個機會。也希望從此以後我們世界上的所有戰爭都會因此劃上句號。世界的和平就從長崎開始吧。永遠沒有戰爭，也永遠保持和平，讓我們一起來為這樣沒有戰爭的世界呼求吧。」

可惜的是，人類並沒有因此想要保有和平，第二次世界大戰才結束不過三年，就又發生了中東的以色列為了獨立建國而和巴勒斯坦區域的約旦、黎巴嫩、敘利亞等國的區域性戰爭，造成百萬難民湧入這三個國家，到今天都無法解決。二年後的一九五〇年，又爆發了被看作聯合國的戰爭的「韓國戰爭」。這場戰爭足足打了三年，死亡人數超過五百萬人。之後這種區域性的戰爭一直沒有停止過，時到今日都不斷持續著，這真的是人類的悲哀！

我們若是認真思考，將人類用來戰爭的錢，改用來做醫藥衛生和國民教育的需要，我們的世界一定會很不一樣。

這使我想起在一九八七年獲得諾貝爾和平獎的奧斯卡・阿里亞斯・桑棋士（Oscar Arias Sánchez），這位哥斯大黎加總統最著名的一段話：

> 只要是戰爭，就沒有所謂的「贏」，只有一個字，就是「輸」。因為花在戰爭的錢，就可以讓國家的人民有飯吃、有水喝，也可以讓人民獲得良好的教育，不會有文盲出現在這個現代化的時代裡。
>
> 一個國家真正的問題是貧窮，而貧窮就是內戰的誘因。而戰爭，就是將上帝創造人的美好形象摧毀和撕裂的力量。

這和永井隆所說的理念一樣，希望不會再有戰爭出現。他說，希望長崎的災難，是日本用來贖罪的一個機會。

窮兵黷武的國家，只會讓人民生活在恐懼中，而不會有安寧的生活環境。無論多麼強大的軍事武力裝備，都不會讓敵對者屈服，只會帶來更多的仇恨而已。只有真正的愛，才會帶來和平與生命的喜悅，這是我們從永井隆的「如己堂」紀念館可以感受到的心靈點滴。

台灣每年到長崎觀光的旅行團非常多，多數人喜歡去賞櫻花、泡溫泉，或是去採購日貨。好的旅行，不應該只有賞花、遊山玩水，而是可以走訪一些有歷史意義的腳跡，這樣不僅對自己在知識上的成長有幫助，也會如同讀了好幾本書一樣，使自己的心靈更加清澈，而能除掉平日忙碌生活中所帶來心思的汙穢。

買一瓶高達數千元的美白保養品，或是隨便就好幾萬元的高級酒，都不會讓我們心地更美、人格品味更高，絕對不會！倒不如帶你的孩子走一趟知性之旅，既可使自己和孩子在忙碌的社會、學校生活中，心靈獲得舒暢，還會增添許多課本中所沒有的知識，對孩子與我們自己，都是一大成長。

31 一個欠債父親的告別式

濟助窮人等於借錢給上主；
他的善行，上主要償還。
——箴言19章17節

這是我在「台東關山長老教會」牧會時主持的一場告別禮拜。

我在一九七四年受派到關山牧會，有一位姓蕭的榮民會友，他在「八二三砲戰」中腿部受傷，因為傷重截肢而退役，就住在關山一處郊區的山坡地上，簡陋的房子，沒有水電，都是到溝渠去取水，房子內點油燈。

他和妻子育有兩個兒子、一個女兒。我到關山的隔年，他的妻子去世，由我主持告別禮拜，那時他最小的女兒是小學二年級，大兒子才在國中讀書。參加告別禮拜的人不多，多數是教會裡的會友。

蕭先生的生活相當簡單，因為他缺少一條腿，找不到工作，完全靠退輔會每月給的錢養活全家，確實極為辛苦。也因為這樣，他經常四處借錢，也常來向我借錢，但都僅是幾百元而已，我也知道那是他要買食物或生活用品的費用。

五年之後，蕭先生也安息了。由於他欠了其他榮民伙伴許多錢，沒有人願意幫忙去公墓挖墳。到了告別禮拜的前一天，我召開會議討論，有幾位長執表示他們願意幫忙。我們約好隔天上午兵分兩路，他們幾人去挖墳，而我帶蕭先生的長子開車載著棺木，從關山趕到花蓮鳳林榮民醫院去領蕭先生的遺體。

早在幾天前，榮民的班長來教會找我，說蕭先生有欠他們錢，而他又是教會的信徒，希望教會能負起責任替他還錢。我知道蕭先生會向人借錢這件事，但我不知道他到底向他的同袍借了多少錢，但就在此時，我腦海中突然閃過聖經的一段話：「濟助窮人等於借錢給上主；他的善行，上主要償還。」（箴言19:17）

於是我用這段話回覆這位班長，請他將這段話告訴大家，我說：「我們的上帝一定會為蕭先生所無法償還的錢，加倍賜福給大家。」

我不知道是聖經的話使這位班長相信，或是上帝的聖靈感動了他的心，他終於露出微笑對我說：「好吧，就按照牧師所說的，我回去告訴大家。」我當時很感動，這位班長竟然只聽我講聖經的話就接受了。也許他是知道蕭先生還有留下三個孩子，最小的女兒才剛上國中一年級。

另一方面，我也向全體會友說：「蕭先生是我們的弟兄，可說是我們教會生活最困苦的人，無論外面的人怎樣說他，禮拜日下午的告別禮拜，希望大家都排除困難來參加。」

告別禮拜是在下午的時間，當天上午，我和蕭先生的長子到達鳳林榮民醫院。太平間的工作人員看過死亡證明，並要蕭先生的兒子簽名，然後把冰櫃拉出一截，問說：「是這位嗎？」我點點頭，工作人員便把整個櫃子都拉出來。我們正準備要把蕭先生的身體搬到推車上時，孩子突然說：「牧師，我爸爸沒有右腿！」

這時我才發現自己搞錯了，且錯得很離譜。工作人員一聽是只有一條腿的人，馬上就把正確的櫃子拉了出來。這次我們仔細確認，核對了套在左手手腕上的名牌，說：「這位才對！」

就這樣，我們將蕭先生的遺體緩緩地抬上車、放在棺木裡，出發回去關山。我們一路都沒有停下來休息，車子開了將近四個小時才回到關山，這時離告別禮拜的時間只剩下半小時。

車子到教會門口時，我嚇了一跳，因為整間禮拜堂擠滿了人。有幾個榮民老兵出來幫忙抬棺木，我把棺木交給他們安置，自己趕緊跑進宿舍洗臉、擦身，換上牧師大禮服準備要主持禮拜。

禮拜時間一到，我看見教會的會友幾乎全部都參加了，那種來自內心的安慰，直到現在一想起都讓我感到相當溫暖。蕭先生向幾乎所有認識的會友都借過錢，會友也或多或少向我抱怨過他都是有借無還，但大家都知道他需要養家，也都是借幾百元而已，所以還是沒有推辭就借給了他。

另外，我也看見另一大群來自榮民之家的兄弟，也有來自台東榮民之家的代表，人數不少，都在禮拜堂擠著，有更多人因為禮拜堂擠不下，只好站在外面，他們一看見我都露出微笑，點頭表示問好。

在禮拜中，我沒有講太深的基督教信息，但我記得當天我引用了耶穌所說的這段教導，並請所有參加的會眾跟著我唸這段經文：「因為我餓了，你們給我吃，渴了，你們給我喝；我流露異鄉，你們收留我；我赤身露體，你們給我穿；我害病，你們照顧我；我坐牢，你們來探望我……我鄭重地告訴你們，既然你們為我的跟從者中最微小的一人做，就是為我做。」（馬太福音25:31-40）

我先解釋這段經文的意義，談到耶穌傳講天國的信息中審判的情形。我解釋完經文之後，很真誠地告訴大家：

蕭弟兄確實不是個大家喜歡的人，因為他常向我們當中許多人借錢，但借了幾乎都沒有還。我知道他欠大家很多，但我也知道他真的是沒有能力還給大家。即使如此，大家還特別來參加他的告別禮拜，這表示我們每個人心中都有一份特別的愛，就是對貧困的人多了一份憐憫的心，這是基督宗教信仰所說的：最好的禮物，是幫助在貧困的人身上，這就是在讚美上帝。我們的上帝一定會賜福。

基督宗教信仰說每個人出生時都有一位天使跟著，這天使代表著上帝的愛，也有一本「生命簿」隨著生命的誕生而來。蕭弟兄向大家借多少錢，上帝的天使都有在生命簿中記錄下來，一點都不會有差錯，因為是天使記錄的。

在我們生命結束去世時，這本生命簿會呈給審判每個人的上帝看，好作為審判的依據。因此，大家借給他的錢，他沒有歸還，這點上帝非常清楚，但就像聖經所說的：「濟助窮人等於是借錢給上主；他的善行，上主要償還。」

我只能說，基督宗教信仰要我們學習去愛那些不是我們喜愛的對象，特別是被社會所鄙視、疏忽的對象。我知道許多人過去對蕭弟兄都用鄙視的眼光看待，但我看見今天這樣多人參加他的告別禮拜，也在說明我們生命中還是存有一份對苦難生命的愛，這份愛可能不是很甘願，但你今天還是來了。上帝的天使記下了你對他過去所有的不滿和欠債，但這一切都會因為你今天的出席而得到報償。

我就是這樣深信著。因為上帝愛每一個人，無論好人或壞人，上帝都愛。願上帝賜福大家，也讓我們在往後的日子裡，多一點關心給蕭弟兄留下的三個未成年孩子，他們能夠順利長大，就代表我們社會多了一份堅定的力量。

最讓我感到驚訝的是，原本聚在教會外面聊天的那些榮民，當我在講道時，他們逐漸靠近禮拜堂的窗邊，安靜下來聽我講道。

而當禮拜結束、要移動棺木時，原本是教會的執事要幫忙扛棺，但此時突然有幾位榮民兄弟走進來，主動將棺木扛了起來。榮民兄弟的相挺和愛，讓我感受到特別的溫暖。

我的講道內容，其實跟那位榮民班長來找我有密切關係，因為他讓我知道蕭先生幾乎是對每個人都欠債。我無法講他什麼好處，因為單單欠錢不還，就不是好的信仰見證。我也知道他有時會因為債主來討錢而跟人吵架，因此，我無法說他有什麼好。

但有一點我很清楚，他的三個孩子每次談到父親時都說「爸爸很愛我們」，他們說父親雖然很凶，但很疼愛孩子，希望孩子好好讀書，將來才會成器。

每個禮拜日，蕭先生一定會帶兒女到教會來參加兒童主日學，他自己也會參加禮拜。很少人跟他熱情聊天，也很少有人注意到他生活貧困。我不時去探訪他，他卻經常不在家。蕭先生沒有留下任何財產，反而只有債務，但他留下了信仰給他的孩子，讓他的孩子知道生命在最苦難時，上帝一定會看顧保守。

在這件事情之後，蕭先生的大兒子國中畢業就上台北，半工半讀上完了高中；對讀書沒有興趣的二兒子則去替人放牧羊群。最小的女兒對讀書很有興趣，我把告別禮拜中會友們的捐款全數交給鎮公所的人員，幫助她順利完成國中學業，後來她的大哥帶她去台北，她也跟大哥一樣半工半讀地上完高中，甚至念完了大學、研究所。如今兄妹兩人都在台北，也都已經成家立業。

我在教會牧會，對於貧困的人總是很自然地就會想辦法，伸出手給予救助。我也是這樣子教導信徒，而關心的對象不只是教會的會友，也包括社會中發生災難與不幸的苦難家庭。

32 用愛勝過仇恨的母女

如果你的仇敵餓了，就給他吃，
渴了，就給他喝；
你這樣做會使他羞慚交加。所以，
不要被惡所勝，要以善勝惡。
——羅馬書12章20-21節

如果大家還有印象，應該還記得有一件發生在一九九二年十一月二十一日，地點在台北撫順街「神話世界KTV」的縱火案，那次共計有十六個人活活被燒死在裡面，而縱火的人名叫湯銘雄。後來被判死刑，已經執行完畢。

在這個事件中，有一對母女是後來被社會大眾所注目的焦點，每當人們提到這件慘案，就會聯想到這對母女。原來，那次縱火案被燒死的人當中，有一位屏東排灣族的青年名叫杜勝男，而這對母女，就是杜勝男的姊姊與母親。

縱火案的犯人名叫湯銘雄，他原是個計程車司機，曾有多項前科，在事件發生的那天，他在「神話世界KTV」裡因酒醉與人起爭執被毆打，他便回住處卸下瓦斯桶，帶到KTV的包廂內準備尋仇，然後他引爆瓦斯，引發大火，奪走了十六條人命。湯銘雄在整個偵訊過程中都說，他對自己做下這樣的行為，全然不知情；在法庭上他也對法官說，只想趕快被判處死刑了事。但我們都知道，司法的事情不可能這樣處理。

被燒死的杜勝男有一個姊姊，名叫杜花明（原住民名字叫莎莉婉），她那時是屏東泰武鄉武潭國小的老師。她說自己和母親後來會選擇原諒害死她弟弟的湯銘雄，和她的婚姻生活以及重新建立信仰的生命經歷，有著密切的關係。

這一切都要從她的婚姻開始說起。

在結婚前，杜花明的父母為她安排了許多相親的機會，但她一直沒有動心，直到有一回，對方以誠摯的態度說：「我沒有錢，但我有無限的愛來愛妳。」這句話深深感動了她，她便決定嫁給這個男人。

她和先生結婚後，兩人非常恩愛，不論先生想要做什麼，她都全心全意支持他。她先生是個很有理財頭腦的人，開始玩股票後，有一段時間錢賺得很多，車子也一輛一輛地換，家庭生活變得很富裕。後來，她先生興起從政的念頭，準備去選縣議員，但在此時，台灣的股市突然崩盤，他們一時應付不及，所有的錢就這樣賠光了！再加上選縣議員的事竟然高票落選，她先生的心情也跟著跌落谷底。

在這樣的情況下，她先生經常早出晚歸，而家裡也有一頓沒一頓的。在這時，她發現她先生竟然在外面花天酒地、玩女人，她難過得都快崩潰了。她天天以淚洗面，想過要離婚或自殺來結束痛苦，但又無法丟下孩子們不顧。

某個星期天早晨，她到教會去，在教會裡遇到她的堂妹，堂妹得知她家的狀況，很關心地說：「我知道你們家現在很困難，不要擔心，我們會幫助你的！」

堂妹的這番話，帶給她很大的鼓舞，也體認到在失去一切後，她還擁有最大的支持，就是信仰。這讓她開始回到信仰的路上。她發現自己過去只是個「星期天的基督徒」，從來沒有好好讀聖經、禱告，參加禮拜都只是形式而已。因此，她深刻地反省，問自己說：「我是不是應該再回到上帝面前，尋求祂，與祂建立真實的生命關係？」

問完這個問題後，她的眼前漸漸清楚起來，她明白了眼前只有兩條路可選：一條路是跟以前一樣，隨著這個社會的價值觀生活；另一條路是走聖經教導的上帝道路。最後，她順著心裡的感動，選擇了信仰之道。

她知道上帝的旨意就是要活出合乎聖經教導的生活，因此她下定決心，只要她能力所及的，她都要去做。當她決定這麼做的時候，原本艱難的生活竟然開始有了轉機。先是他先生很順利地賣掉了山上的一塊地，讓他們可以開始償還之前所積欠的大筆債務；而她也在一個機緣下很快學會一項手藝，能為家裡賺取更多的收入。在上帝不斷的祝福與引領下，才兩年的時間，她和先生便將所有的債務還清了，終於度過了生活的難關。但是，誰也沒想到，就在她以為苦盡甘來的時候，發生了她弟弟受害的事件。

此時的她，看待事情的眼光和心態已經和之前完全不同了。她沒有被這件事所帶來的巨大打擊和悲痛擊垮，在她重新回到信仰之路，且經歷了耶穌基督的愛之後，她做了一個重大決定：選擇原諒縱火犯湯銘雄。

起初，她透過在關心監獄受刑人的「更生團契」向湯銘雄遞出第一封信，信裡表達了她和媽媽對他的關心與接納，她也想要將耶穌介紹給他認識。

她會選擇原諒湯銘雄，是因為她這麼想：「他雖然已經要接受法律制裁了，可是他的靈魂還沒有得救，還沒有認識耶穌。而我既然是個選擇走上帝道路的人，我就應該聽從聖經的教導——要饒恕我的敵人。如果在他死之前，我能幫助他認識並接受耶穌，那豈不是比我恨他更好？」

因此，她寫了第一封信給他：

湯銘雄先生，您好：

我是「神話世界KTV」受難者家屬之一，這幾天在新聞報導上看到您的消息，心裡感到非常難過。雖然您因一時氣憤，使我們失去了最寶貝的弟弟。

發生這件事之後的狀況，您可以想像我們家有多「亂」、多「驚」，不知所措，直到現在仍未平靜。但是想到您一樣是父母的寶貝，我們不但不幸災樂禍，反而跟您家人一樣地難過，想到人終有一死，您只是提早讓我弟弟走而已。我們都沒恨您的意思。

在台北地方法院開庭時，我和媽媽有去參加出庭，就坐在您的身後。別人是恨您恨得咬牙切齒，而我呢？我是淌著眼淚向上帝祈求給您一個悔過自新的機會，寬恕您的罪，讓您回天家之前有機會接觸上帝的話語。當您相信主耶穌後，就不會害怕面對明天，希望您還有機會活在自由世界裡。

假如沒有辦法再改變事實的話，希望在您還活著而可以選擇宗教信仰時，我願介紹您認識最好的朋友，他可以讓您不怕面對不可知的未來，這朋友就是耶穌，他會陪您度過剩餘的日子，就像我自從真正接受耶穌作為我個人的救主後，我不但不怕面對死亡，反而是祈求耶穌保守我，不要讓我在我還活在罪惡中的時候就離開世界。什麼時候死，我都隨時等候。

今夜上帝感動我，提筆寫信給您，是想安慰您。雖然我們是受難者，但我們願用耶穌的愛來愛您、關懷您，與您一同流淚。願我們家所信的主耶穌撫慰您多月來不安的心靈；希望您會把握人生的每個時刻。如果您願意的話，我隨時等候您的來信，願成為您最後人生的至誠朋友！

祝愉快

關懷您生命的人　莎莉婉敬上

其實，杜花明寫這封信的事，並沒有讓她的媽媽和妹妹們知道，而且她是用她媽媽的名字寄出的。直到湯銘雄開始回信，並且署名給杜媽媽時，杜花明才硬著頭皮向母親說明這件事。

後來她透過更生團契才知道，原來湯銘雄從小即在一個沒有愛的環境中長大，沒人給他適當的關心和鼓勵，以致他走到偏差的路上。他雖然有兩個孩子、經歷了兩段婚姻，但他的家人並不接納他。更生團契的駐監牧師說，起初他對人都是採取冷漠和防衛的態度，在監獄期間也曾自殺三次未遂。

因此，當他接到杜花明寫的信時，簡直無法相信這世界上竟會有人願意原諒他，尤其是在他犯下這樣害死人的重大刑案之後，更是難以想像。

後來，經過杜花明的說明之後，杜媽媽和妹妹也表示願意接受她的這種做法。但她們很清楚並不是要改變法院的判決，而是想要改變湯銘雄的心靈生命，希望在他被執行死刑之前，能夠因為認識耶穌而改變生命，並且真心悔改認罪。她們都有個共同的想法，要將耶穌的教導實踐出來：「我告訴你們，要愛你們的仇敵，並且為迫害你們的人禱告。這樣，你們才可以作天父的兒女。」（馬太福音5:44）

使徒保羅也說過這樣的話：「如果你的仇敵餓了，就給他吃，渴了，就給他喝；你這樣做會使他羞慚交加。所以，不要被惡所勝，要以善勝惡。」（羅馬書12:20-21）

就這樣，杜花明和媽媽每個月都固定時間上台北，去監獄探望湯銘雄。起先他一直覺得無法面對這對母女，後來經過一次、二次之後，他真的感受到她們真心實意的愛，就真正地接納了。

等到判決結果出爐，湯銘雄很坦然地接受死刑，並且願意將他身上的器官全數捐贈出來，共有二十名病患受到他的幫助。在行刑之前，杜花明和母親也到監獄陪伴他，用完最後的晚餐。

我們的社會中，確實有些人的行為令人非常痛恨，那些傷害別人的事，有時並不是生氣、衝動之下做出的，而是故意的。這種心態和行為往往會讓我們覺得，將這種人處死是應該的。

其實我們都清楚，沒有一個人是生下來就會變壞的，也沒有一個人是從小就想要傷害別人的，耶穌甚至告訴我們，想要進上帝的國，就要從小孩身上來學習，因為上帝的國是屬於像小孩這樣的人的（馬太福音19:14）。人之所以會變壞，往往是成長的過程中，缺少了愛，卻相對地增加了恨，因而造成的。

杜花明和她媽媽、妹妹對湯銘雄的愛，是湯銘雄在生命最後會改變態度的最重要原因。我深信，只要大家能多給別人一分愛，就能幫助我們的社會減少一分恨，這樣一來，我們的社會就會更加健康、有活力，而能建構一個安和樂利的生活環境。

33 愛，可以補足所有的殘缺

藉著基督所賜的力量，
我能夠適應任何情況。
——腓立比書4章13節

每年的聖誕節之前，都會聽到「口足畫家」義賣的作品。原來是有些人因為先天問題或是發生意外，導致手或腳有了嚴重的缺陷，因此，需要用他們的口或腳來作畫。

起先聽到這樣的事時，都會感覺非常不可思議，人怎能用腳指來取代手指工作？後來，親眼目睹之後，才知道原來是真的，我也更加體認到，這樣的人在生命旅程中需要更多奮鬥才有辦法生存下來，實在令人非常感佩。

曾看過一篇新聞報導，說有一位計程車司機患了「玻璃病」，這是一種只要稍微碰撞，就有可能會使骨頭斷裂的病症。這位司機的成長過程相當艱辛，但他都想盡辦法克服了。這種病症還有個特徵，就是身材矮小。因此，他在駕駛座上的設備就非常特別，但他仍然很努力地考到計程車司機的證照，這是非常不容易的一件事。

每次看見這種新聞，我都會有很深刻的感受：有人的生命成長是這麼艱苦，卻努力要讓生命活得很有意義；可是，我們也常看見有的人身體、條件樣樣都很健康良好，卻對工作一點興趣也沒有，只要稍微熱一點、忙一點就很快放棄，這是非常可惜的事。

說到這樣的人，就讓我想到了創辦高雄「六龜山地孤兒院」的楊煦牧師夫婦，以及他們收養的棄嬰的故事。

有一天，在高雄岡山的市場內，有人發現一個棄嬰，報知里長送到了派出所，就有人建議把這個女嬰送去六龜孤兒院。當時嬰兒的臍帶都還沒有掉，身體相當虛弱，更悲慘的是，這女嬰天生就沒有雙手。楊煦牧師夫婦一看見這女嬰，就表示要收留她，並請醫生給她看病。於是，這個棄嬰的生命就這樣被救了回來。

辦好認養手續之後，楊煦牧師夫婦給這棄嬰取名叫「楊恩典」，他們說：「這女孩是上帝賞賜給我們夫婦最特別的『恩典』。」楊恩典長大後，有機會分享她的生命歷程時，她總會說：「我的生命跟一般人不一樣，但是上帝沒有遺棄我！」

她說的這句話很震撼人心。我們常聽到有人遇到挫折時，就會抱怨自己被上帝遺棄了，但楊恩典沒有雙手，而且兩隻腳還長得不一樣長，但上帝真的沒有遺棄她，透過楊煦牧師夫婦收養了她，並且培育她。

有趣的是，常有人問楊煦牧師，為什麼他們夫婦會想到要將一個沒有雙手的棄嬰取名叫「恩典」？楊煦牧師總是幽默地回答說：「因為這孩子天生沒有雙手，大家會體諒她的不方便，很自然地就會想要伸手幫忙她，為她做很多事情，這些都是白白得來的恩典，不是嗎？」

楊恩典回憶自己小時候學走路的過程，確實是很艱辛，因為沒有雙手，就無法支撐身體站立起來，父母將她扶起來時，又會因為上半身重心不穩而跌倒。在很長的一段時間裡，她的兩腳膝蓋永遠有好不了的傷口。

每當她跌倒，看了最心疼的，就是楊煦牧師娘林鳳英女士。楊媽媽不忍心看她一次次地跌倒，就把她揹在背後，以免她又跌倒。但有一次，楊媽媽不小心自己也踩到青苔跌倒，那時楊媽媽的第一個反應就是趕緊護住楊恩典，所以她沒有受傷，可是楊媽媽卻因而渾身是傷。那時楊恩典就告訴楊媽媽說：「我一定要趕快學會走路！這樣，我不會跌倒，媽媽也不會跌倒！」

在學走路的漫長過程中，一開始，因為雙腳長短不一，她走著走著就會開始繞圈，像在跳芭蕾舞一樣。有些看見的人會笑她，但更多人稱讚她走路的姿勢很美。她說，其實這些讚美都是為了幫她打氣而說的，但這些話卻成為她成長最大的助力。

楊恩典雖然沒有雙手，但從不覺得自己和其他的孩子有什麼不一樣的地方；當她看見同學在掃地，她也跟著要掃地；當她看見有同學在爬樹，她也盡量跟著同學學習爬樹，儘管需要花很多時間，但各樣事情似乎都難不倒她。其他人看見她想學，都會很耐心地幫助她，讓她用腳指頭學會拿、抓等動作，她也因此學會了各種「手藝」（正確地說是「腳藝」）。

小時候，楊恩典以為她不是沒有手，只是還沒有「生長」出來而已。有一次她問楊媽媽說：「什麼時候我的手才會生長出來？我也希望自己有雙手可以使用……」但時間一天一天過去，這個願望一直無法實現。後來，楊媽媽找到一個很適當的時間，把楊恩典抱在腿上說：「或許上帝是要妳用這種方式活出生命的精彩，不要害怕或覺得孤單，無論如何還有『六龜』這個愛的大家庭，妳有爸爸，也有媽媽，還有很多兄弟姊妹陪伴著妳一起長大。」

最令她印象深刻的是，有一位老師教她寫書法，要她練習用腳磨墨，每次至少磨三百下，只要在研磨時有墨汁溢出來，老師就會要她重磨，要求相當嚴格。有時她磨到腳指都破皮流血了，眼眶含著淚水問老師說：「身旁就有一瓶墨水，我為何要辛苦磨墨？」老師對她說：「磨墨，就是要磨鍊妳的耐心，一個人的心一定要靜下來，才能把事情做好。」她聽完才恍然大悟，原來老師是如此看重她，希望她可以做得更好。

從小就喜歡畫畫、欣賞美的事物的楊恩典，在國中畢業時，決定當個藝術家，於是，她開始努力學習畫畫。

為了幫助楊恩典完成心中的願望，楊爸爸在楊恩典十八歲時，讓她獨自一個人上台北拜師學畫。其中的艱辛難以想像，她搭計程車時，必須用腳拿錢給司機，到了繪畫老師的家時，她用嘴巴咬著畫筆按門鈴。剛開始時，她嘗試用左腳學畫，這對她來說相當挑戰，但她咬緊牙關努力練習再練習，只為了早日完成當藝術家的夢想。

當她終於第一次開畫展時，有個陌生人用很高的價格買走她的畫，讓她高興了好一陣子，也帶給她許多信心。過了好多年後，她才知道那個買畫的人原來就是自己的爸爸，楊爸爸為了給她鼓勵和肯定，借錢把畫買下來。得知這件事，楊恩典相當感動，她說：「上帝藉由爸爸媽媽，讓我明白上帝的愛的意義。」

後來，因為一通打錯的電話，楊恩典認識了現在的丈夫陳信義先生。兩人第一次見面時，眼前這位陽光、樂觀、很有自信的女孩，讓陳信義相當驚訝。那次見面後，陳信義三不五時就往六龜育幼院跑。

交往一段時間後，有一天，陳信義突然開口對楊恩典說：「我要照顧妳一輩子！」當下楊恩典覺得很不可思議，她問：「一輩子這麼長，我們怎麼走下去？」陳信義說：「那麼我們就把一輩子分成每一天來過。」

陳信義坦言，楊媽媽曾對他說出內心話，說所有的孩子裡，唯有恩典是最讓她放心不下的。陳信義安慰楊媽媽說：「放心把恩典交給我，以前是您照顧恩典，以後換我來照顧她。」陳信義感動於楊爸爸、楊媽媽用無條件的愛照顧這個女兒，倘若楊恩典的生命可以鼓勵更多人，他願意擔起責任來照顧她、愛她一輩子。

然而，要娶一個身體有殘缺的妻子，並不是那麼容易。一開始，陳信義的父母無法接受沒有雙手的楊恩典成為他們家的媳婦，但陳信義努力說服父母讓楊恩典在他們家住幾天，希望父母可以更多地認識她。

有一次吃完飯後，楊恩典獨自一個人洗盤子。她用肩膀和脖子夾著盤子，流了滿身汗，花了兩個多小時，終於把盤子洗完，然後從三樓走到一樓，把盤子交到婆婆手上。婆婆一臉困惑地問：「妳可以叫我一聲就好，為何要自己拿下來？」楊恩典說：「我住在您們家，就是為了證明自己可以做很多事。」這件事讓陳信義的父母相當感動，終於接納了她。

楊恩典發現，每次吃飯時，公公總是故意避開她，不跟她一起同桌吃飯，讓她低落不已。後來經過婆婆解釋才曉得，每次楊恩典在前面吃飯，公公就躲在後面掉眼淚，因為他從來沒看過一個女孩子竟然要這麼辛苦用腳吃飯，忍不住為她感到心疼。那一刻讓楊恩典感受到，原來公公婆婆是如此愛她。

楊恩典最喜歡的一段經文是：「藉著基督所賜的力量，我能夠適應任何情況。」（腓立比／斐理伯書4:13）她說：「一個沒有雙手的人，可以成為一位國際所認定的口足畫家，背後需要經歷多少的努力與付出，但靠著上帝『那雙看不見的手』，我體會到上帝慈愛、溫暖的雙手一直帶領著我走到如今！」

楊恩典的生命經歷，是一個非常動人、且激勵人的故事，但願所有好手好腳的人，都能從中得到生命的領會。

國家圖書館出版品預行編目資料

伸出你的手：為生命灌注愛與意義的33堂課 / 盧俊義著. -- 初版. -- 臺北市：啟示出版：家庭傳媒城邦分公司, 2019.07
面； 公分. -- (智慧書系列；15)

ISBN 978-986-96765-8-8 (平裝)

1.基督教 2.信仰 3.通俗作品

242.42 108008002

智慧書系列015

伸出你的手：為生命灌注愛與意義的33堂課

作　　者／盧俊義
企畫選書人／彭之琬、李詠璇
總 編 輯／彭之琬
責 任 編 輯／李詠璇

版　　權／黃淑敏、邱珮芸
行 銷 業 務／莊英傑、林秀津、王瑜
總 經 理／彭之琬
事業群總經理／黃淑貞
發 行 人／何飛鵬
法 律 顧 問／元禾法律事務所 王子文律師
出　　版／啟示出版
臺北市104民生東路二段141號9樓
電話：(02) 25007008 傳真：(02)25007759
E-mail:bwp.service@cite.com.tw
發　　行／英屬蓋曼群島商家庭傳媒股份有限公司城邦分公司
台北市中山區民生東路二段141號2樓
書虫客服服務專線：02-25007718；25007719
服務時間：週一至週五上午09:30-12:00；下午13:30-17:00
24小時傳真專線：02-25001990；25001991
劃撥帳號：19863813；戶名：書虫股份有限公司
讀者服務信箱：service@readingclub.com.tw
城邦讀書花園：www.cite.com.tw
香港發行所／城邦（香港）出版集團
香港灣仔駱克道193號東超商業中心1F E-mail: hkcite@biznetvigator.com
電話：(852) 25086231 傳真：(852) 25789337
馬新發行所／城邦（馬新）出版集團【Cite (M) Sdn Bhd】
41, Jalan Radin Anum, Bandar Baru Sri Petaling, 57000 Kuala Lumpur, Malaysia.
電話：(603) 90578822 傳真：(603) 90576622
Email: cite@cite.com.my

封 面 設 計／李東記
排　　版／極翔企業有限公司
印　　刷／章懋實業有限公司

■2019年7月2日初版
■2022年11月17日初版4.5刷

Printed in Taiwan

定價340元

城邦讀書花園
www.cite.com.tw

 ISBN 978-986-96765-8-8

廣　告　回　函
北區郵政管理登記證
北臺字第000791號
郵資已付，免貼郵票

104　台北市民生東路二段141號2樓

英屬蓋曼群島商家庭傳媒股份有限公司城邦分公司　收

請沿虛線對摺，謝謝！

書號：1MD015　　書名：伸出你的手

請於此處用膠水黏貼

啟示出版 Apocalypse Press

讀者回函卡

感謝您購買我們出版的書籍！請費心填寫此回函卡，我們將不定期寄上城邦集團最新的出版訊息。

姓名：________________________ 性別：☐男 ☐女

生日：西元__________年__________月__________日

地址：____

聯絡電話：____________________ 傳真：____________________

E-mail ：

學歷：☐ 1. 小學 ☐ 2. 國中 ☐ 3. 高中 ☐ 4. 大學 ☐ 5. 研究所以上

職業：☐ 1. 學生 ☐ 2. 軍公教 ☐ 3. 服務 ☐ 4. 金融 ☐ 5. 製造 ☐ 6. 資訊

☐ 7. 傳播 ☐ 8. 自由業 ☐ 9. 農漁牧 ☐ 10. 家管 ☐ 11. 退休

☐ 12. 其他________________________________

您從何種方式得知本書消息？

☐ 1. 書店 ☐ 2. 網路 ☐ 3. 報紙 ☐ 4. 雜誌 ☐ 5. 廣播 ☐ 6. 電視

☐ 7. 親友推薦 ☐ 8. 其他________________________

您通常以何種方式購書？

☐ 1. 書店 ☐ 2. 網路 ☐ 3. 傳真訂購 ☐ 4. 郵局劃撥 ☐ 5. 其他______

您喜歡閱讀那些類別的書籍？

☐ 1. 財經商業 ☐ 2. 自然科學 ☐ 3. 歷史 ☐ 4. 法律 ☐ 5. 文學

☐ 6. 休閒旅遊 ☐ 7. 小說 ☐ 8. 人物傳記 ☐ 9. 生活、勵志 ☐ 10. 其他

對我們的建議：____

____

____

請於此處用膠水黏貼